私のいちばん得意な料理、教えます

基本のレシピ　１００のコツ

家の光協会

はじめに

あなたの得意な料理はなんですか？

カレー、肉じゃが、ハンバーグ、コロッケ、炒飯《チャーハン》……。すぐに、料理の名前が挙がる人もいるかもしれません。なかには、「得意料理と胸を張れるもの、思いつかないなぁ」という人もいるでしょう。

では、あなたが得意じゃない料理、いえ、そこそこは作れるけれど、どうしても上手に作れない料理ってありませんか？

「どうしたら、こんなにカラッとジューシーなから揚げが作れるんだろう？」

この本は、こんな疑問から生まれました。

料理本を作る仕事をしていると、さまざまな料理の撮影に立ち合います。あるとき、撮影で料理研究家の方が作ってくれたから揚げが、とにかく最高においしくて、「こんな風に作れるようになりたい」「このおいしさの謎が知りたい」と思ったのです。

いま、ネットを見ると、ものすごい数の料理レシピがあふれています。ただ、あまりにも数が多すぎて、選ぶ前に疲れてしまう。また、ネットには誰でもレシピをあげられるので、味の基準は千差万別。数はたくさんあるけれど、自分の求めているレシピがなかなか見つからない。そんなこと、ありませんか？

料理研究家という職業があります。

料理について研究し、料理教室や料理書、雑誌、あるいは、テレビやネットの料理番組などを通して、自分が何度も作ってきた料理のレシピを教えてくれる人たちです。もちろん、「料理研究家」を職業にしているのですから、ひととおりの家庭料理は作れます。けれど、料理研究家の方にも、これは得意、これはちょっと苦手、という料理があるのではないでしょうか。

そこで、この世界で活躍されている料理研究家の方々に声をかけて、家庭料理の中で、その方が最も得意とする料理を教えてもらえれば、最強の〝家庭料理の教科書〟になるのでは、と考えました。

ところで、家庭料理をテーマにした本は、ふつう、和食・洋食・中華といったカテゴリーで分けられることが多いものです。でも、「得意料理」という視点で見ると、単純に、和・洋・中ではくくれない。企画を進めていくなかで、そんなことも見えてきました。

料理のコツは、一品ごとにいくつもあって、それをすべて覚えなくてはいけないわけではありません。実は、同じ調理法であれば、共通するポイントがとても多いのです。要するに、素材が替わるだけで、調理のコツは同じということです。煮もののコツ、炒めもののコツ、揚げもののコツ。共通するコツを覚えてしまえば、料理名が変わっても、素材が替わっても、おいしく作れるのです。

そこで、本書では6つの調理法別に章を立てています。各章の冒頭に、その調理法に共通する3つのコツを紹介していますので、そちらをお読みいただいてから作るのがおすすめです。

ひとつひとつの料理についても、おいしく作る「コツ」や「理由」をていねいに記しました。料理は、工程だけを追って作っても、それだけではおいしくできません。通常のレシピに書かれていない「コツ」の部分を知っているかどうかが大切なのです。

ですので、この本のレシピは、一見、とても長く見えるかもしれません。読むのが面倒だなぁと感じるかもしれません。でもそこが、この本のもうひとつの大きな特徴です。

今回、ご登場いただく料理研究家の方々は、長年、第一線で働いてきた方ばかり。その料理研究家たちがこれまでに何度も何度も作ってきた、再現性の高い、自慢のレシピを集めました。ですから、最初はレシピどおりに作ってみていただければと思います。

この本に登場する料理が、あなたの「得意料理」になりますように。

本書の決まり
*大さじ1は15㎖、小さじ1は5㎖、1カップは200㎖、1合は180㎖です。
*電子レンジの加熱時間は600Wを基準にしています。
*塩は粗塩、オリーブオイルはエキストラバージンオリーブオイルを使用しています。
*作り方に記載している加熱時間は目安です。お使いの調理器具や環境によって変わりますので、様子をみて調整してください。

もくじ

和の煮もの——8
大庭英子さんに教わる

フライパン洋食——36
上田淳子さんに教わる

ウー・ウェンさんに教わる
炒めもの——64

column

市瀬悦子さんに教わる
揚げもの——94

column

洋の煮込み——122

サルボ恭子さんに教わる

column

サラダとあえもの——148

井原裕子さんに教わる

column

大庭英子さんに教わる
和の煮もの

　和食の煮ものはだし汁で煮る料理と思われるかもしれませんが、多くの煮ものはだし汁不要で、素材から出るだしを生かして作ります。肉じゃが、肉豆腐、魚の煮ものなどは、少ない水と調味料だけで十分おいしくなり、煮汁にうまみが凝縮されます。冷める間に味がしみるので、作ってすぐでもおいしいけれど、時間がたつとしみじみおいしくなるのが魅力。

　煮ものが上手にできない理由の多くは、煮くずれたり、逆にかたかったりと、素材に上手に火が通らないことではないでしょうか。煮ものは2つ以上の食材を使うことが多いですが、煮上がったときに、どの素材もちょうどよい具合に火が入るように逆算して、野菜の切り方や大きさをそろえたり、さっと煮て一度取り出し、最後に合わせたりするのがコツです。

　煮ものを作るときは、雪平鍋など火の回りのよい深さのある鍋を使うのが基本ですが、煮魚は、直径24cmのフッ素樹脂加工のフライパンを使っています。浅くて直径が大きいほうが煮やすく、取り出しやすいから。また、薄切り肉などを炒めてから煮る場合は、肉が鍋にくっつきやすいので、少し時間をおいてから炒めるか、「油慣らし」（11頁）をするのもおすすめです。

おおば・えいこ●身近な材料と普段使いの調味料で作る家庭料理に定評がある。和・洋・中・エスニックのジャンルを超えた幅広いレシピの数々は、どれも自然体のおいしさで、いつ食べても飽きない味わい。

和の煮ものが得意になるための「3つのコツ」

1 肉を先に煮てから野菜などを加える

2 しょうゆやみそは最後に加える

3 弱火で煮て余熱で味を入れる

肉は先に煮て下味をつけたり、油で焼きつけたりすることでうまみが増しておいしくなります。そのうまみの出た汁で野菜や豆腐を煮ると、肉のうまみが野菜や豆腐にじんわりしみてさらにおいしくなります。うまみを出す素材と吸う素材を取り合わせると、そのよさが実感できます。

酒や砂糖、みりんなどの甘み調味料は先に入れるのが和食の基本。しょうゆやみそなどの塩分のある調味料を先に入れると、そのあと甘みがしみ込みにくくなってしまうから。角煮のようにしょうゆを多く使う煮ものは、二度に分けて入れると塩分が徐々に入っておいしくなります。

ひと口食べるとおいしい煮汁が広がって滋味を感じる……そんな仕上げにするには、弱火でゆっくりと煮て火を通し、火を止めてから少しおくこと。冷めていく過程で調味料が浸透していき、さらに味がしみ込みます。長時間煮て煮くずれを心配する必要もありません。

肉じゃが

肉と野菜から
おいしいだしが出るから
だし汁いらず。
少なめの煮汁で
蒸し煮のようにすると、
じゃがいもはホクホク、
牛肉のうまみも
しみ込みます。

材料（2〜3人分）

牛切り落とし肉……200g
じゃがいも……4個
玉ねぎ……中1個
しょうが……小1/2かけ
さやいんげん……40g
サラダ油……大さじ1
酒……大さじ3
みりん……大さじ2
砂糖……大さじ1
しょうゆ……大さじ3

＊油慣らし……鍋に油を深さ5㎜ほど入れて火にかけ、フツフツしてきたら弱火で5分ほど加熱し、火を止めて油が冷めるまでおく。油を捨て、残りはペーパータオルで拭き取る。

1 じゃがいもは皮をむいて四つ割りにし、水に10分ほどさらして水気を拭く。玉ねぎは縦半分に切ってから縦3〜4等分のくし形に切る。しょうがは皮をむいてせん切りにする。

2 さやいんげんはヘタを切り落として3㎝長さに切り、塩少々（材料外）を加えた熱湯で1〜2分ゆでて、ザルに上げる。

3 鍋にサラダ油を入れて中火で熱し、牛肉を入れて30秒ほどおき、ほぐすようにして炒める。肉を入れたらいじらずに、肉の脂が出てくるのを待ってから混ぜると、鍋にくっつきにくい。気になる場合は油慣らし＊をするとよい。肉の色が変わったら、しょうがを加えてさっと炒め、じゃがいも、玉ねぎを加えて炒め合わせる。

4 **3**に酒をふり、水2/3カップを注ぎ入れる（**a**）。水は少なめでよく、肉や野菜からうまみが出るから、だし汁は必要ない。煮立ったら、みりん、砂糖を加えて混ぜ、ふたをして弱火で8分ほど煮る。塩分のある調味料を入れると、素材がしまって味がしみ込みにくくなるので、しょうゆはここでは入れない。

5 **4**にしょうゆを加え（**b**）、上下を返して味にムラができないようにし、ふたをしてじゃがいもがやわらかくなるまでさらに煮る。しょうゆは素材にほぼ火が通ってから入れるとよい。仕上げに**2**のさやいんげんを加えてひと煮する。

a

b

筑前煮

材料の下ごしらえを
ちゃんとして、
同じ大きさに
切りそろえるのが基本。
鶏肉も野菜もしっかり
炒めることによって
アクがやわらぎ、
コクが出ます。

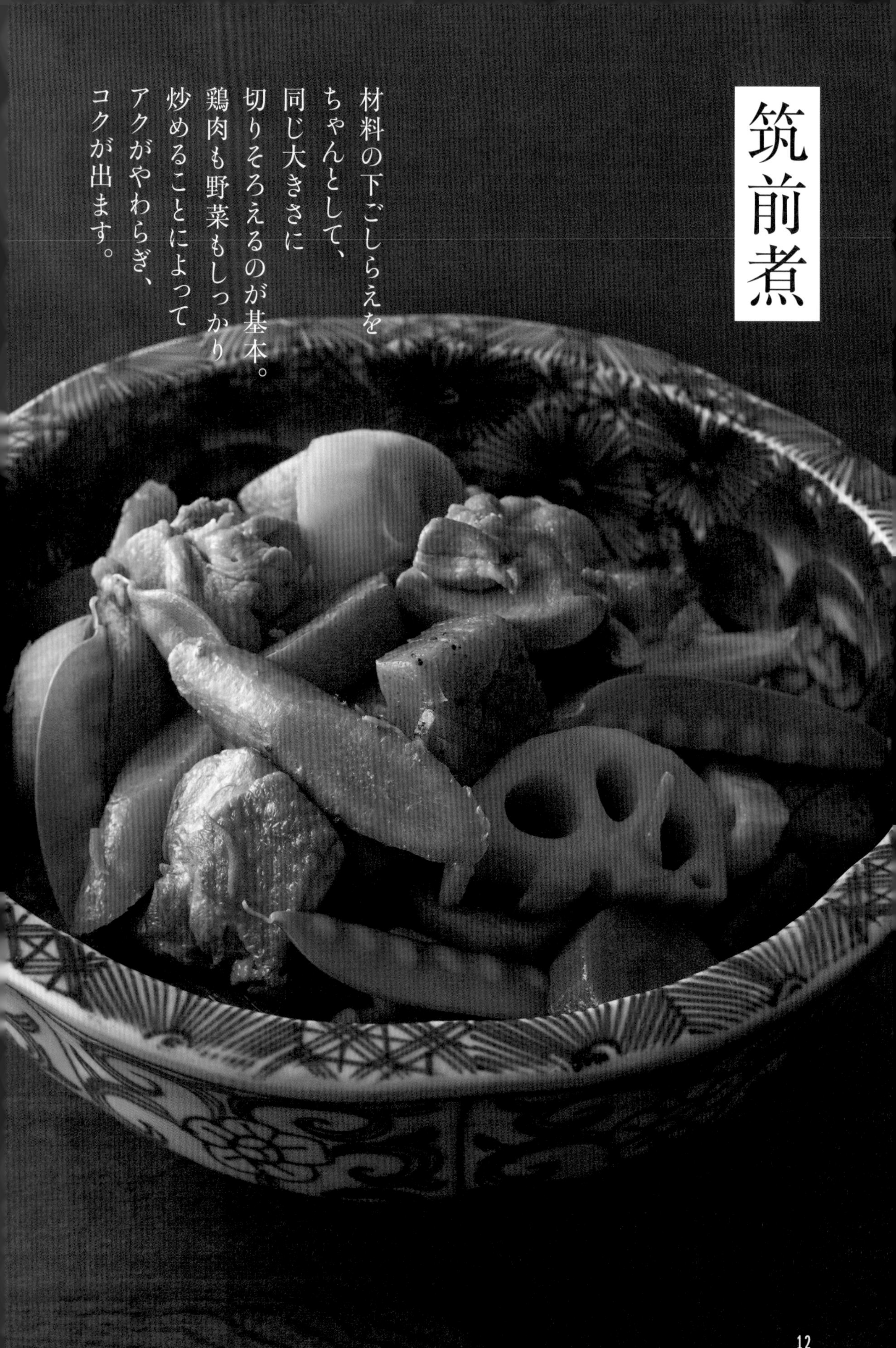

材料（4人分）

鶏もも肉……大1枚
こんにゃく……1枚
ごぼう……180g
にんじん……1本
れんこん……1節（200g）
しょうが……小½かけ
絹さや……8枚
サラダ油……大さじ1
酒……大さじ3
だし汁（34頁参照）または水
……1カップ
みりん……大さじ2
砂糖……大さじ1
しょうゆ……大さじ3〜4

1 鶏肉は皮目を下にして3cm四方に切る。

2 こんにゃくは厚みを半分に切り、両面に浅く斜め格子状に切り込みを入れ（**a**）、3cm四方に切る。塩小さじ1（材料外）でもんで洗い、ひたひたの水とともに鍋に入れて火にかけ、煮立ったら弱火で5分ゆで、ザルに上げて冷ます。臭みが抜け、味がしみやすくなる。

3 ごぼうは皮をこそげて1cm厚さの斜め切りにし、さっと洗う。鍋に入れ、水適量を加えて中火にかけ、煮立ったらふたをして弱火で15分ほどゆで、ザルに上げる。ごぼうはアクが強くてかたいので、下ゆでしておくとえぐみが取れ、味も入りやすい。

4 にんじんは皮をむいて1cm厚さの輪切りにし、れんこんは皮をむいて1cm厚さの半月切りにしてさっと洗い、水気を拭く。しょうがは皮をむいてせん切りにする。絹さやは筋を取り、塩少々（材料外）を加えた熱湯でゆで、冷水に取って水気を拭く。しょうが、絹さや以外は大きさをそろえておくと味のなじみや見た目がよい（**b**）。

5 鍋にサラダ油を入れて中火で熱し、鶏肉の皮目を下にして入れて1分ほど焼き、両面を焼きつける。しょうがを加えてさっと炒め、こんにゃくを入れ、絹さや以外の野菜を加えて炒め合わせる。

6 酒をふり、だし汁または水を加え、煮立ったら、みりん、砂糖を加えてふたをして弱火で10分ほど煮る。

7 しょうゆを加えて混ぜ、ふたをして弱火で10分ほど煮る。仕上げに絹さやを加えてひと煮する。

a

b

鶏団子とかぶの煮もの

鶏団子は粘りが出るまで
よく混ぜ合わせると
ふっくらやわらか。
弱火で煮て
うまみを煮汁に溶け出させ、
その煮汁でかぶを煮ます。

材料（2～3人分）

鶏団子のタネ
- 鶏ひき肉……250g
- 長ねぎ（みじん切り）……大さじ3
- しょうがの絞り汁……小さじ½
- 酒……大さじ1
- 薄口しょうゆ……小さじ1
- 水……大さじ2

かぶ……中3個
かぶの葉……60g
だし汁（34頁参照）……2½カップ
酒……大さじ2
みりん……大さじ2
薄口しょうゆ……大さじ2

水溶き片栗粉
- 片栗粉……大さじ1
- 水……大さじ2

ゆずの皮（せん切り）……少々

1 鶏団子のタネを作る。ボウルに鶏団子の材料を入れ、粘りが出るまで手でよく混ぜる。

2 かぶは茎を3cmほど残して葉を切り、皮をむいて縦4等分に切る。茎に泥などがある場合は水に10分ほどつけてきれいにし、水気を拭く。かぶの葉は3cm長さに切る。

3 鍋にだし汁を入れて中火にかけ、煮立ったら酒、みりん、薄口しょうゆで調味する。かぶの白い色を生かしたいので、しょうゆは薄口を使う。

4 **1**の鶏団子のタネを水でぬらしたスプーンで楕円形に形作り、**3**の鍋に1つずつ落とし入れる（a）。全部入れたら火を弱めてアクを取り、5分ほど煮る。鶏団子に火が通ると同時にうまみが煮汁に溶け出る。

5 中火にし、鶏団子を片側に寄せ、空いたスペースにかぶを加え（b）、煮立ったらふたをし、弱火でかぶがやわらかくなるまで8～10分煮る。これでかぶに鶏団子のうまみが移る。かぶがやわらかくなったら、かぶの葉を入れてさらに1分ほど煮、かぶの葉にもうまみを移す。

6 鶏団子、かぶ、かぶの葉を器に盛り、残りの煮汁を中火にかけて水溶き片栗粉を回し入れてゆるいとろみをつけ、全体にかける。ゆずの皮を散らす。ゆずの皮は白い部分は苦いので、黄色い表皮の部分だけを薄くむいてごく細いせん切りにする。

a

b

豚の角煮

豚肉は下ゆでしてひと晩おき、
白くかたまった脂肪を取り除くと
あっさりとした仕上がりに。
しょうゆを入れて煮て冷ます、を
2回繰り返すことで
とろけるようなおいしさになります。

材料（6〜8人分）

豚バラかたまり肉
……400g×2本
サラダ油……少々
酒……1/2カップ
しょうが（皮ごと薄切り）
……1かけ分
長ねぎ（青い部分）……2本分
砂糖……大さじ3
しょうゆ……大さじ5
小松菜……300g

1 豚肉は室温にもどす。焼いたときに表面と中心部の温度差がなくなり、下ゆでしても肉のうまみが逃げにくくなる。

2 フライパンにサラダ油を入れて中火で熱し、豚肉の脂身を下にして入れ、弱めの中火で全体に焼き目をつける。裏返して同じように焼き、出てきた脂をペーパータオルで拭き取る。

3 鍋に豚肉を移し、水4〜5カップを入れて強火にかけ、煮立ったら酒、しょうが、長ねぎを加え、再び煮立ったらふたをして弱火で1時間30分〜2時間ゆでる。鍋は直径20cm程度のものがちょうどよい。粗熱が取れたら冷蔵庫でひと晩おく。

4 翌日、表面にかたまった白い脂肪を取り除き（a）、しょうが、長ねぎも除く。脂肪を除くと脂臭さや、くどさがなくなる。鍋から豚肉を取り出し、食べやすいように12等分に切る。

5 豚肉を鍋に戻し入れて中火にかけ、煮立ったら砂糖を加えて混ぜ、ふたをして弱火で20分ほど煮る（b）。ふたをしてコトコト煮ることで豚肉に砂糖の甘みが入る。

6 しょうゆの半量を加えて混ぜ、ふたをしてさらに15分ほど煮て、火を止めて30分おく。再び中火にかけ、煮立ったら残りのしょうゆを加え、ふたをしてさらに15分ほど煮て、そのまま冷ます。

7 小松菜は洗って根元を切り、4〜5cm長さに切る。

8 器に**6**を盛り、残りの煮汁に小松菜を入れてしんなりするまで煮て角煮に添える。煮汁をかけ、好みで練り辛子（材料外）を添える。

a

b

鶏肉のおろし煮

鶏肉に下味をつけてから揚げると
うまみが逃げず、
煮てもパサつきません。
水気を軽くきった大根おろしを
仕上げに加えると
コクがあるのにさっぱりします。

材料（3〜4人分）

鶏もも肉……1枚
鶏肉の下味
- 酒……小さじ1
- しょうゆ……小さじ1
- しょうがの絞り汁……小さじ1/2

しめじ……1袋
大根……400g
片栗粉……適量
揚げ油……適量
だし汁（34頁参照）……1 1/2カップ
酒……大さじ2
みりん……大さじ2
しょうゆ……大さじ2

1 鶏肉は3㎝四方に切ってボウルに入れ、下味の材料を加えて手でもみ、5〜10分おく（**a**）。下味をつけるとうまみが増し、深みのある味になる。

2 しめじは根元を切り落とし、3〜4本ずつにほぐす。しめじは入れると味、見た目ともにボリュームが出る。

3 大根は皮をむいてすりおろす。水気は絞らない。

4 鶏肉の汁気を拭き、片栗粉を薄くまぶす。揚げ油を中温（170℃）に熱して鶏肉を入れ、きつね色にカラリと揚げる。

5 鍋にだし汁を入れて中火にかけ、煮立ったら酒、みりん、しょうゆで調味する。しめじを入れ、しんなりしたら、鶏肉を入れて5分ほど煮る。

6 **3**の大根おろしを万能こし器を通して軽く水気をきり、**5**に加えて火を止める（**b**）。大根おろしの汁気もおいしさのうちなので、水気を絞らないで入れる。大根おろしの半量は煮汁に混ざり、半量は色が染まらないくらいがおいしい。

a

b

肉豆腐

牛肉を濃いめの味で
煮ることで
大きめに切った豆腐との
味のバランスがよくなります。
薄切り肉を炒めるときは
すぐにいじらずに
脂が出てくるのを待つと
肉が鍋にくっつきません。

材料（2人分）

牛薄切り肉……200g
絹ごし豆腐……1丁（300g）
わけぎ……100g
牛脂（またはサラダ油）……少々
砂糖……大さじ1～2
酒……大さじ3
みりん……大さじ2
しょうゆ
……大さじ2～2½
七味唐辛子……少々

1　牛肉は長さを2～3等分に切る。豆腐は4等分に切る。わけぎは3～4cm長さに切る。

2　鍋に牛脂を入れて中火で溶かし、牛肉を広げて入れて30秒ほどおき（a）、ほぐすようにして炒める。肉を入れたらいじらずに、肉の脂が出てくるのを待ってから混ぜると、鍋にくっつきにくい。鍋にくっつくのが気になる場合は油慣らし（11頁参照）をするとよい。

3　肉の色が変わったら砂糖をふってさっと炒め、酒、みりん、しょうゆ、水½カップを加えて混ぜ、ふたをして弱火で4～5分煮る。先に肉だけを甘辛じょうゆ味に煮ておくのがポイント。

4　牛肉を鍋の片側に寄せ、空いたスペースに豆腐を入れ、スプーンで煮汁をかけ（b）、ふたをして3～4分煮る。豆腐の形がくずれないよう、煮汁を上からかけるとよい。

5　わけぎを加えてしんなりするまで煮る。

6　器に盛り、七味唐辛子をふる。

a

b

めばるの煮つけ

煮汁を煮立たせてから
魚を入れると
生臭みが出ません。
身くずれしないよう、
魚を動かさずに煮ます。

材料（2人分）

めばる（下処理したもの*。かれい、金目鯛などでも）……200〜250g×2尾
しょうが……小1/2かけ
酒……1/3カップ
みりん……大さじ3
砂糖……大さじ1 1/2
しょうゆ……大さじ3
白髪ねぎ**……4cm

*めばるの下処理……まな板に頭を左にして置き、包丁の先でウロコを尾から頭に向かってこそげ、裏返して同じように取り、水で洗う。盛りつけるとき裏になる面の腹の部分に1本切り込みを入れ、内臓とエラを取り、水で腹の中を洗い、水気を拭く。鮮魚売り場でやってもらってもよい。

**白髪ねぎ……長ねぎに縦に1本切り込みを入れて黄色い芯の部分を取り除き、表面を上にして広げ、繊維に沿ってできるだけ細いせん切りにし、冷水にさらしてパリッとさせる。

1 まな板にめばるを置き、両面に斜めに1本切り込みを入れる。しょうがは皮をむいてせん切りにする。

2 フライパンに水2/3カップを入れて中火にかけ、煮立ったら、しょうが、酒、みりん、砂糖、しょうゆを加える。再び煮立ったら、めばるを盛りつけ面を上にして並べ入れ、スプーンで煮汁をかける（a）。魚を途中で裏返さないので、上から煮汁をかけて味をしみ込ませる。

3 表面の色が変わったら、ふたをして弱めの中火にし、スプーンで煮汁をかけながら15分ほど煮る。

4 器に盛り、煮汁をかけて白髪ねぎを天盛りにする。天盛りとは、煮ものなどを盛りつける際に最後に添える香りもののこと。全体に散らさず、料理の一番上にまとめてのせることから天盛りという。

a

いわしの梅煮

いわしを梅干しと一緒に煮ると青背魚の臭みがやわらぎ、骨離れがよく、やわらかく煮えます。

材料（4人分）

いわし……小8尾
梅干し……3個
しょうが……1かけ
酒……⅓カップ
みりん……大さじ2
しょうゆ……大さじ2

1　いわしはウロコを取り、頭を切り落として腹を斜めに切り、内臓を包丁の先でかき出す。腹の中を水でよく洗い、水気を拭く。鮮魚売り場でやってもらってもよい。

2　しょうがは皮をむいて薄切りにする。

3　鍋に経木またはオーブンシートを敷き、いわしを並べ入れ、しょうがを散らし、梅干しをのせ、酒、みりん、しょうゆ、水⅓カップを加える（a）。材料すべてを入れて火にかけるだけ。経木などを敷くと形がくずれず、取り出しやすい。

4　中火にかけ、煮立ったら、スプーンで煮汁をいわしの表面にかける。魚を途中で裏返さないので、上から煮汁をかけて味をしみ込ませる。表面の色が変わったら、ふたをして弱めの中火にし、途中、煮汁をかけながら20〜30分煮る。取り出すときは経木ごと取り出す。

さばのみそ煮

みそは最初から入れず、
ある程度煮てから入れること。
みそをからめながら煮て
少しとろりと仕上げます。

材料（2人分）

さば（三枚におろしたもの）……1/2尾
しょうが……小1/2かけ
赤唐辛子……小1本
酒……大さじ3
みりん……大さじ2
砂糖……大さじ1
しょうゆ……大さじ1/2
みそ……40g
長ねぎ……2/3本

1 さばは半分にそぎ切りにし、皮目に浅く十字の切り込みを入れる。しょうがは皮をむいてせん切りにする。

2 長ねぎは3cm長さに切り、両面に2〜3本ずつ、横に切り込みを入れ、中火で熱したフライパンまたは焼き網で両面に焼き色をつける。

3 鍋に水2/3カップを入れて中火にかけ、煮立ったら、しょうが、赤唐辛子、酒、みりん、砂糖、しょうゆを加える。再び煮立ったら、さばを皮目を上にして重ならないように入れ（a）、スプーンで煮汁をかけ、表面の色が変わったらふたをして弱火で8〜10分煮る。ここでみそを入れてしまうと味のしみ込みが悪くなり、焦げやすくなる。

4 容器にみそを入れ、**3**の煮汁適量を加えて溶きのばし（b）、**3**に戻し入れる（c）。みそは煮汁で溶いてから加えるとムラなく混ざり、味が均一になる。加えるときはさばの上ではなく、煮汁に入れること。

5 長ねぎを加え、ふたをして弱火で5分ほど煮る。

6 器にさばを盛って長ねぎを添え、煮汁をかける。

a

b

c

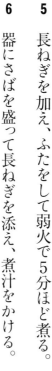

いかと里いもの煮もの

いかはさっと煮て取り出し、
最後に戻し入れると
かたくなりません。
里いもは塩でもんで
ぬめりをおさえてから煮ると
さらりとした煮上がりに。

材料（2〜3人分）

いか……小1ぱい（200g）
里いも……中8個
しょうが……小1/2かけ
酒……大さじ2
みりん……大さじ2
砂糖……大さじ1
しょうゆ……大さじ2 1/2
だし汁（34頁参照）……2/3カップ

1 いかは胴からワタと足を引き抜いて軟骨を取り、水でよく洗い、1.5cm幅の輪切りにする。足はワタとくちばしを取り、足先を少し切り落とし、2本ずつに切り分ける。

2 里いもは上下を切り落として縦に皮をむき、ボウルに入れて塩小さじ1（材料外）をふる。手でもんで、洗ってぬめりを取る（a）。皮をむいてすぐに水で洗うとよけいぬめりが出てくるので、塩でもんでぬめりのタンパク質をかためてから洗うとよい。

3 しょうがは皮をむいてせん切りにする。

4 鍋に水1/4カップを入れて中火にかけ、煮立ったら、しょうが、酒、みりん、砂糖、しょうゆ大さじ2を入れる。再び煮立ったら、いかを入れて混ぜ、再び煮立ったらふたをして弱めの中火で2分ほど煮る。火を止めていかを取り出す（b）。火を通しすぎるとかたくなるので注意。

5 4の鍋に里いもを入れ、だし汁としょうゆ大さじ1/2を加え（c）、中火にかける。煮立ったらふたをして弱火で15分ほど、里いもがやわらかくなるまで煮る。いかは濃い味でさっと煮ておき、里いもを煮るときはだし汁を加えてコトコトと煮る。これで里いもにいかのうまみが入る。里いもは下ゆでするとと泡立って煮こぼれしやすいが、調味料が入った煮汁の中で直接煮ると泡立ちが少なく、煮こぼれない。

6 いかを戻し入れてひと煮する。

小松菜と油揚げの煮びたし

油揚げを煮含めてから小松菜の茎、葉の順に加えてさっと煮ます。だし汁は薄味にし、素材の持ち味を生かします。

材料（2人分）

小松菜……250g
油揚げ……2枚
だし汁（34頁参照）……1½カップ
みりん……大さじ2
薄口しょうゆ……大さじ2

1 小松菜は根元の太い部分に十字の切り込みを入れ、水に10分ほどつけて茎の間の泥など落として水で洗い、水気をきる。3～4cm長さに切り、葉と茎の部分に分ける。

2 油揚げは縦半分に切ってから横に2cm幅に切る。

3 鍋にだし汁を入れて中火にかけ、煮立ったら、みりん、薄口しょうゆで調味し、油揚げを加えてふたをして弱火で2～3分煮る。小松菜の色を鮮やかに仕上げたいので、しょうゆは薄口を使う。

4 **3**を中火にし、小松菜の茎の部分を入れて混ぜ（a）、煮立ったらふたをして弱火で2分ほど煮る。葉より茎のほうが火の通りが遅いので、まずは茎だけを入れる。

5 葉を加え、ふたをしてさらに1分ほど煮る。

a

たけのこの土佐煮

土佐煮は削り節であえて仕上げる煮もののこと。削り節はから炒りして香りを立たせ、煮しめたたけのこにたっぷりとまぶします。

材料（3～4人分）

ゆでたけのこ……350～400g
だし汁（34頁参照）……1½カップ
酒……大さじ3
みりん……大さじ2
しょうゆ……大さじ1½
削り節……10g
木の芽……適量

1 たけのこは根元の太い部分は1.5㎝厚さの輪切りにし、両面に格子状の浅い切り込みを入れる。穂先は5～6㎝長さに切り、四つ割りにする。

2 鍋にだし汁、**1**を入れて中火にかけ、煮立ったら、酒、みりんを加えて10分ほど煮、しょうゆを加えてさらに10～15分、汁気がほぼなくなるまで煮てそのまま冷ます。汁気が残っていたら火にかけて飛ばす。

3 水気をしっかり拭き取った鍋に削り節を入れ、弱火で2～3分、少しカリッとするまでから炒りし、火を止めて冷まし、手で細かく砕く。削り節をから炒りすると香ばしくなり、うまみも凝縮する。

4 **2**に**3**を加えて全体にまぶし（a）、器に盛り、木の芽を天盛り（22頁参照）にする。

a

かぼちゃのじか煮

じか煮は下ゆでなどをしないで直接煮ること。かぼちゃは皮を下にして鍋に入れて煮ると上下を返さなくてもおいしく煮えます。

材料（4人分）

かぼちゃ……1/2個（約500g）
みりん……大さじ2
砂糖……大さじ1
しょうゆ……大さじ2

1　かぼちゃは皮を洗って種とワタをスプーンで取り除く。3～4cm幅に切ってから3～4cm長さに切り、面取りをする（a）。面取りとは、野菜の角を斜めに薄くそぎ取ること。面取りをすると煮くずれ防止になる。

2　鍋にかぼちゃの皮を下にして入れ、水1 1/2カップ、みりん、砂糖、しょうゆを入れて中火にかける。鍋は、かぼちゃが重ならないように並べられる大きさのものを使う。

3　煮立ったらふたをして弱火で15分ほど、かぼちゃがやわらかくなるまで煮る。竹串を刺してスーッと通るようになったら火を止める。

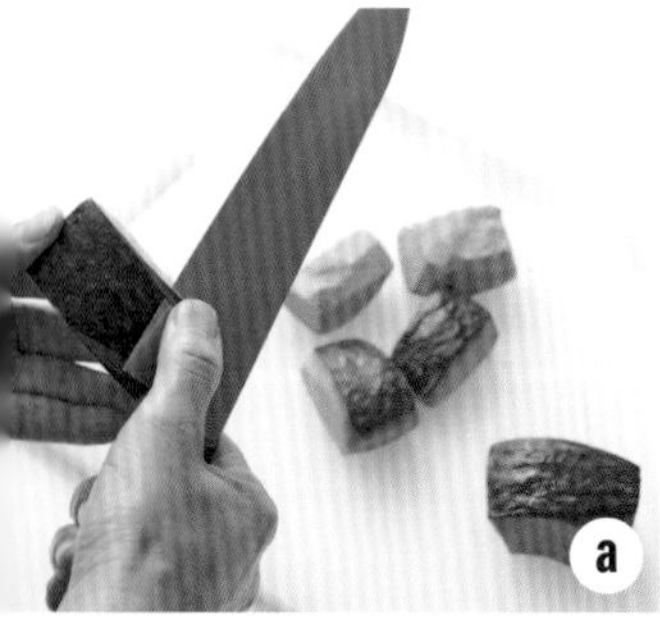

高野豆腐の含め煮

高野豆腐の水気を絞るときは、両手ではさんでしっかりと水分を出します。落としぶたをして煮ることで調味料がムラなくしみ込みます。

材料（4人分）

高野豆腐……4枚
だし汁（34頁参照）……2 1/2カップ
みりん……大さじ2
砂糖……大さじ2
薄口しょうゆ……大さじ1
塩……小さじ1/4
オクラ……6本

1　高野豆腐はバットに並べ入れ、60℃程度の湯を注ぎ、浮かないように木のふたなどをのせ、湯が冷めるまでおいてもどす。

2　ボウルにたっぷりの水を入れて高野豆腐を浸し、両手ではさんで押し洗いする。両手ではさんでしっかりと水気を絞り（a）、4等分に切る。2枚ずつはさんで、手のひらで押すと形がくずれにくい。もどし不要の高野豆腐は表示に従って使う。

3　鍋にだし汁を入れて中火にかけ、煮立ったら、みりん、砂糖、薄口しょうゆ、塩で調味し、高野豆腐を入れる。再び煮立ったら落としぶたをし、さらにふたをして弱火で10〜15分煮含める。そのまま冷めるまでおくと、味がしみ込む。

4　オクラはガクを切りそろえ、水でぬらして塩をまぶしてもみ、熱湯で1〜2分ゆでる。冷水に取って斜め半分に切る。**3**に加えてひと煮する。

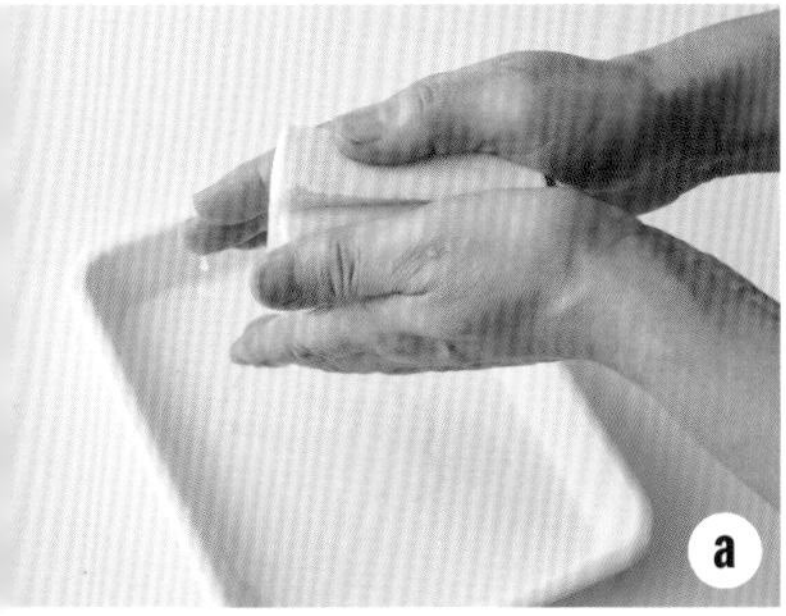
a

切り干し大根の煮もの

たっぷりの水でもどして
しっかりと絞ると
水っぽくなりません。
豚肉を入れると、
だし汁を使わなくても
うまみを感じるおいしさ。

材料（作りやすい分量）

切り干し大根（太め）……80g
豚もも薄切り肉……100g
サラダ油……大さじ1
酒……大さじ2
みりん……大さじ2
砂糖……大さじ½
しょうゆ……大さじ2〜3

1 切り干し大根はたっぷりの水で洗い、ザルに上げて水気をきる。たっぷりの水に浸して表示時間どおりにもどす。やわらかくなったらザルに上げ、しっかりと水気を絞る（a）。これで味がよく入り、水っぽい仕上がりにならない。切り干し大根が長い場合は食べやすい長さに切る。

2 豚肉は1.5㎝幅に切る。

3 鍋にサラダ油を入れて中火で熱し、豚肉を入れていじらずに少しおき、ほぐすように炒める。鍋にくっつくのが気になる場合は油慣らし（11頁参照）をするとよい。肉の色が変わったら切り干し大根を加えて炒め合わせる。

4 酒をふり、水1½カップを加え、煮立ったら、みりん、砂糖、しょうゆを加えて混ぜる。再び煮立ったら火を弱めてふたをして10分ほど煮る。

金時豆の甘煮

ゆでてザルに上げる、を2回繰り返してアクを抜くのがポイント。砂糖を2回に分けて入れると、味がしみてしみじみおいしい。

材料（作りやすい分量）

金時豆……300g
グラニュー糖……250~300g
塩……小さじ1/5

1 金時豆は洗って鍋に入れ、水6カップを加え、8時間ほどおく。

2 **1**の鍋をつけ汁ごと強めの中火にかけ、煮立ったらザルに上げてゆで汁をきる（**a**）。これをもう1回繰り返し、2回ゆでこぼすことでアクが抜ける。

3 鍋に金時豆を戻し、かぶる程度の水（4~5カップ）を加えて強めの中火にかけ、煮立ったらふたをして弱火で20~30分煮る。火を止めてそのまま1時間おいて余熱で火を通す。

4 **3**に半量のグラニュー糖を入れて再び火にかけ、煮立ったらふたをして弱火で10分ほど煮る。砂糖は2回に分けて加え、ゆっくりと味を含ませていく。

5 残りのグラニュー糖、塩を加え、煮立ったらふたをして弱火で10分ほど煮て、そのまま冷ます。

材料（作りやすい分量）

だし昆布……6～7㎝四方×2枚

削り節……25g

column

一番だしをとる

だしは和食の基本。おいしいだしがあれば煮ものはもちろん、みそ汁、おひたし、茶碗蒸し……と、さまざまな料理に使えます。ここでは、昆布と削り節でとる「一番だし」を紹介。保存は、保存容器に入れて冷蔵庫で2～3日、それ以上は冷凍用保存袋に小分けにして入れて冷凍庫へ。

1 鍋にだし昆布、水6カップを入れて2～3時間おく（a）。ゆっくりと昆布のおいしいだしが出る。

2 1を弱めの中火にかけ、煮立つ寸前に昆布を取り出す。

3 2に削り節を入れ（b）、煮立ったら弱火で3分ほど煮て火を止める。ここで削り節のうまみをしっかりと出す。

4 削り節が沈んだら、万能こし器でこす（c）。一番だしはどんな和食にも合う万能選手なので、ストックしておくと便利。

a

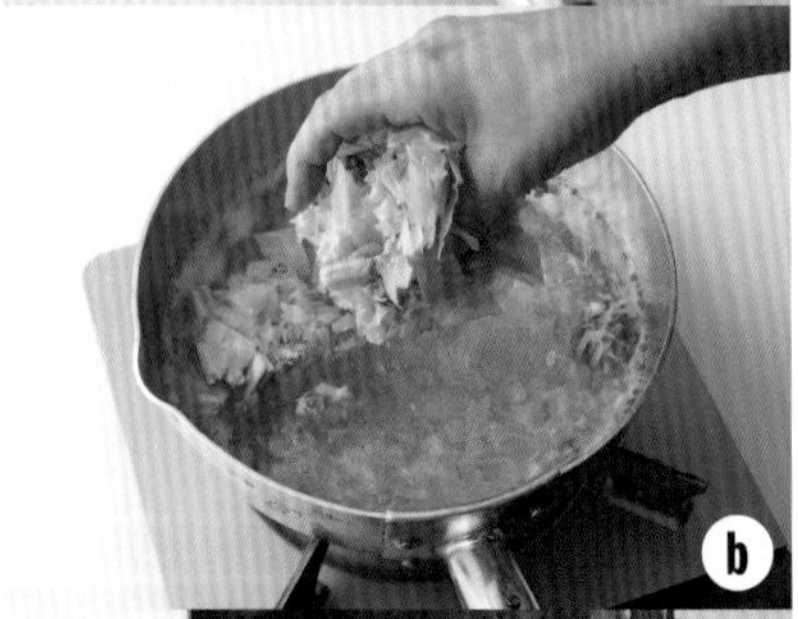
b

c

一番だしを使って

だしの香りと味を楽しむとっておきが、野菜のおひたしと茶碗蒸し。一番だしがあれば、プロ並みの上質な味が楽しめます。

ほうれん草のおひたし

1 ほうれん草は根元を少し切り落とし、根元の太い部分に十字の切り込みを入れ、水に10分ほどつけて茎の間の泥などを落として水で洗い、水気をきる。

2 鍋にたっぷりの湯を沸かし、塩少々（材料外）を加え、ほうれん草の1/3量を根元から入れてひとゆでし、冷水に取って冷ます。残りも同様にしてゆでる。

3 ほうれん草の水気を絞り、3～4cm長さに切り、さらに水気を絞る。

4 器に盛り、だし汁、みりん、しょうゆを混ぜ合わせてかけ、糸削り節をのせる。

シンプル茶碗蒸し

1 ボウルにだし汁を入れ、薄口しょうゆ、塩を加えて混ぜ、塩を溶かす。

2 別のボウルに卵を割りほぐし、**1**を少しずつ加えて混ぜ、万能こし器でこす。

3 容器に**2**を流し入れて表面の泡をスプーンですくい取る。

4 蒸気の上がった蒸し器に入れ、ふたをして中火で2～3分蒸し、弱火にして12～15分蒸す。竹串を刺して透明な汁が出れば蒸し上がり。貝割れ菜をのせる。

だしをとったあとの昆布で

だし昆布の梅煮

一番だしをとったあとの昆布は捨てずに活用。ご飯の供、酒の肴、お茶うけにも。

材料（作りやすい分量）
だしをとったあとの昆布……100g
梅干し……1個
実山椒または実山椒の佃煮……少々
酒……大さじ2
みりん……大さじ2
しょうゆ……大さじ2/3

1 昆布は幅が長いものは3～4cm幅に切り、繊維を切断するようにせん切りにする。

2 鍋に**1**を入れ、梅干しを種と果肉に分けて入れ、実山椒、酒、みりん、しょうゆ、水1/3カップを加えて中火にかける。煮立ったらふたをして弱火で10分ほど煮る。

上田淳子さんに教わる フライパン洋食

フライパン洋食と聞くと特別な技術が必要のように思われるでしょうか。華やかでごちそう感があるのに、実は工程はいたってシンプル。フライパンひとつあれば、ソテーやポワレ、軽い煮込み、つけ合わせやソースまで気軽に作れます。

そんなフライパン料理のおいしさの基本は、肉や魚を焼き目がつくまでしっかりと焼くこと。といっても、ただ強火で焼けばいいというわけではありません。はじめは強めの中火、そのあと弱めの中火、そのあたりを行き来しながら火加減で調節し、見た目の変化と焼き時間でこんがりするまで焼き上げます。

また、洋食はソースを食べる料理なので、ソース作りも大切な手順。ソースは、肉や魚を焼いたフライパンで作るのが基本で、焼き汁=焼きつけたうまみに調味料やワインなどを加えて仕上げます。ソースでいろいろな味が楽しめるのも洋食の魅力です。また、この本では洋食の一皿をよりおいしく食べるために、相性のよいつけ合わせも紹介しています。

フライパンは直径26cmのフッ素樹脂加工のものを使っています。ふたは蒸し焼きもできるぴったり閉まるもので、調理中の様子がわかるように透明なものがおすすめです。

うえだ・じゅんこ●辻学園調理技術専門学校で西洋料理・製菓・製パン技術を学び、卒業後渡欧。スイス、フランスのレストランやシャルキュトリーなどで修業を積む。身近な素材でおいしく作れるレシピに定評がある。

フライパン洋食が得意になるための「3つのコツ」

1 焼くときはなるべく触らない

肉や魚を焼くときはむやみに触らないのが鉄則。ついフライパンを揺すったり、肉の端を持ち上げて焼き加減を確かめたりしがちですが、ここで触るとうまみや油分が逃げてしまいます。特に焼き始めは、フライパンに接している面のタンパク質がかたまるまで待つ必要があります。

2 焼き目をしっかりつける

焼き目をつけてうまみを封じ込めると素材のおいしさが際立ちます。ハンバーグやポークソテーなど中までちゃんと火を通したいものは、まずはふたをして蒸し焼きにし、裏返してふたを取り、余分な水分を蒸発させながら香ばしく焼き上げます。魚は火の通りが早いのでふたなしでも。

3 焼き汁のうまみを生かしてソースを作る

肉や魚を焼いたフライパンの中には、その素材のうまみが溶け出した汁が残っています。この汁を活用して作るのが洋食のソース。フライパンの底にこびりついたうまみをワインや調味料などでこそげ落とし、ときにはバターなどを加えてコクをプラス。手作りの温製ソースが完成です。

ハンバーグ

粘りが出るまでしっかり練り、
最初は蒸し焼きにして火を入れると
ふっくらやわらかく焼き上がり、
ご飯に合う、やさしい味わいの
ハンバーグになります。

材料（2人分）

合いびき肉……200g
玉ねぎ……1/2個
パン粉……大さじ2
牛乳……大さじ1 1/2
卵……1/2個
サラダ油……適量
塩……小さじ1/3
粗びき黒こしょう……適量

デミグラスソース
バター……5g
マッシュルーム（5㎜厚さの薄切り）……100g
赤ワイン……1/3カップ
デミグラスソース（市販）……50g
塩、黒こしょう……各少々

つけ合わせ
マッシュポテト＊……適量

＊マッシュポテト……じゃがいも小2個は皮をむいてひと口大に切り、やわらかくゆでる。湯をきって鍋に戻して再度中火にかけ、水分を飛ばして粉吹きにする。熱いうちにマッシャーなどでつぶし、バター10g、牛乳50㎖を加えて混ぜ、塩、こしょうで味を調える。

1 玉ねぎはみじん切りにし、サラダ油小さじ1を中火で熱したフライパンでしんなりするまで炒め、皿などに広げて冷ます。

2 ボウルにパン粉、牛乳、卵、塩、こしょうを入れて手で混ぜ、パン粉がふやけたらひき肉を加えて全体になじむまで混ぜる。均一になったら、さらにひき肉をボウルにこすりつけるようにして練り、粘りが出るまでしっかりこねる（a）。粘りが出た赤身と脂身がしっかりと混ざることでジューシーで弾力のある生地になる。

3 **2**に**1**の玉ねぎを加えて均一に混ぜる。生地を二つに分け、手で丸く形作り、手のひらの間を往復させて空気を抜く。厚さ2㎝程度の小判形にし、真ん中をへこませる。

4 フライパンにサラダ油小さじ1を入れて中火にかけ、**3**を入れてふたをする。はじめは蒸し焼きにして火を入れるのがポイント。温度が上がってパチパチ音がし始めたら弱火にし、表面が白っぽく火が通り、底面がこんがりとするまで4～5分焼く（b）。ここで裏返すタイミング。ふたを取って裏返し、ここからはふたをせず裏面も4～5分焼き、中まで火を通す。取り出して器に盛る。

5 デミグラスソースを作る。**4**のフライパンに残った脂をペーパータオルで拭き取り、底にこびりついたものはうまみなので拭き取らず、中火にかけてバターを入れる。マッシュルームを入れて炒め、赤ワインを加えて火を強め、煮立ててアルコール分を飛ばす。デミグラスソースを加えてひと煮して、塩、こしょうで味を調える。

6 ハンバーグにマッシュポテトをつけ合わせ、ソースをかける。

a

b

ポークソテー

はじめにふたをして
焼くことで
豚肉に早く火が通り、
かたくなりすぎず
ジューシーに仕上がります。

材料（2人分）

豚ロース肉（とんカツ用。1cm程度の厚さ）……2枚
塩……小さじ$1/3$
黒こしょう……適量
サラダ油……小さじ1

ケチャップソース
トマトケチャップ……大さじ2
ウスターソース……大さじ1
フレンチマスタード……小さじ1
水……小さじ1

つけ合わせ
サラダ菜（1枚ずつにして水に放し、パリッとさせる）……適量

1　豚肉は冷蔵庫から出して10分ほどおく。室温にもどしておくと火の通りがよい。

2　**1**の豚肉の脂身と赤身の間に包丁を入れて筋切りをし（**a**）、両面に塩、こしょうをふる。両面それぞれに6～7か所の切り目を入れておくと、焼いたときに縮んで反り返らない。

3　フライパンにサラダ油を入れて中火でよく熱し、豚肉を盛りつける面を下にして並べ入れる。ふたをしてそのまま、表面が白っぽくなるまで2～3分焼く。

4　肉がこんがり焼けたら、ふたを取って裏返し（**b**）、ふたをしないでおいしそうな焼き色がつくまで2分ほど焼き、取り出して器に盛る。焼きすぎるとかたくなるので注意する。

5　**4**のフライパンに残った脂をペーパータオルで拭き取り、底にこびりついたものはうまみなので拭き取らず、ケチャップソースの材料を入れて混ぜ、ひと煮立ちさせる。

6　**4**のポークソテーにサラダ菜をつけ合わせ、ケチャップソースをかける。

チキンソテー

火の通りが均一になるように
厚い部分を切り開き、
皮を下にしてパリッとするまで
じっくり焼くのがポイント。

材料（2人分）

鶏もも肉……大1枚
塩……小さじ1/2
粗びき黒こしょう……適量
サラダ油……小さじ1
レモン（くし形切り）……2切れ

つけ合わせ

玉ねぎとしめじのソテー

玉ねぎ……1/2個
しめじ……100g
サラダ油……小さじ1
塩、黒こしょう……各少々

1　鶏肉は冷蔵庫から出して10分ほどおく。室温にもどしておくと火の通りがよい。

2　**1**の鶏肉を半分に切り、身の厚い部分に浅く切り込みを入れて開き、厚みになるべく差が出ないようにする。これで火の通りが均一になる。塩、こしょうをすり込む。

3　玉ねぎとしめじのソテーを作る。玉ねぎは繊維に逆らって7㎜幅に切り、しめじは石づきを切り落としてほぐす。フライパンにサラダ油をひいて中火にかけ、玉ねぎとしめじを入れてしんなりするまで炒め、塩、こしょうで味を調える。

4　フライパンをきれいにしてサラダ油を入れて広げ、ここではまだ火をつけず、鶏肉の皮目を下にして入れる（a）。手で押さえて皮目をフライパンにぴったりとくっつけるようにすると、皮がパリッときれいに焼ける。

5　**4**を中火にかけ、温度が上がってパチパチと音がし始めたら弱火にし、皮面から7割程度火が通るまでふたをせずに7〜8分焼く（b）。ここで裏返すタイミング。余分な脂をペーパータオルで拭き取って裏返し、さらに2〜3分焼く。皮面の焼き色が足りないようであれば、強火にして好みの焼き色に焼き上げる。

6　器に盛ってレモンを添え、玉ねぎとしめじのソテーをつけ合わせる。

a

b

ビーフステーキ

常温にもどしてから焼くと
中までちゃんと火が通り、
むやみに触らずにがっちりと焼くと
うまみが逃げません。

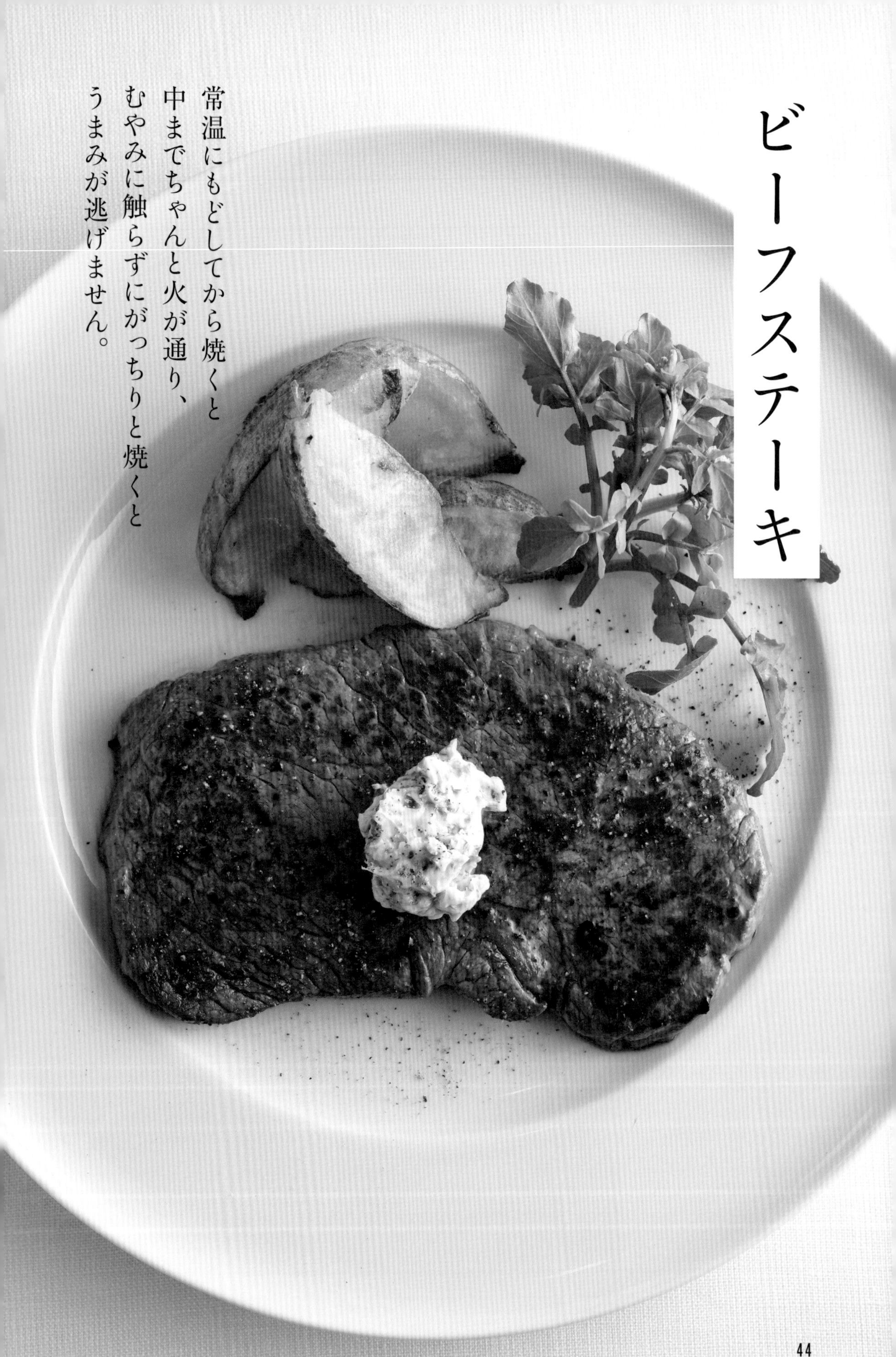

材料（2人分）

牛赤身ステーキ用肉（1.5cm厚さ）……2枚
塩……小さじ1/2〜1/2強
粗びき黒こしょう……適量
サラダ油（または牛脂）……大さじ1/2

メートルドテルバター*
バター（室温にもどす）……20g
レモンの搾り汁……小さじ1/2
パセリ（みじん切り）……大さじ1
粗びき黒こしょう……少々

つけ合わせ
じゃがいものソテー
じゃがいも……1個
サラダ油……大さじ1
塩……少々
クレソン……適量

*メートルドテルバター……レモンの搾り汁と刻んだパセリを練り込んだ、洋食では定番のバターのこと。ステーキや魚のグリルなどにのせて食べる。

1 メートルドテルバターの材料はボウルに入れて混ぜ合わせておく。

2 牛肉は冷蔵庫から出して10〜15分おく（a）。冷蔵庫から出してすぐに焼くと、表面はちょうどよく焼けても中は冷たいままになりがち。

3 じゃがいものソテーを作る。じゃがいもは皮つきのままタワシなどでこすり洗いをし、ラップで包んで電子レンジで4〜5分加熱し、8等分のくし形に切る。フライパンにサラダ油を入れて中火にかけ、じゃがいもを並べ入れてこんがり焼く。仕上げに軽く塩をふる。

4 **2**の牛肉は焼く直前に両面に塩、こしょうをふる。塩をふってから時間をおくと、その間に水分と一緒にうまみも出てしまう。

5 フライパンにサラダ油を入れて強めの中火にかけ、薄煙が出るくらい十分に熱し、牛肉を盛りつける面を下にして並べ入れる。そのまま触らずに1分30秒ほど焼き、肉の表面にうっすら水分がにじみ出てきたら（b）、裏返す。裏面も同様に焼く。厚さ1.5cmのもので片面1分30秒ほど焼くとミディアムに焼き上がるが、脂身（霜降り具合）の量によって焼き時間は変わってくる。赤身が多い場合は少し長め、脂身が多い場合は少し短めに。

6 器に、先に焼いた面を上にして盛り、メートルドテルバターをのせ、こしょうをふる。じゃがいものソテー、クレソンをつけ合わせる。

a

b

フライパンローストビーフ

表面全体を焼きつけてうまみを封じ込め、アルミホイルで包んで余熱でゆっくり火を通します。

材料（作りやすい分量）

牛もも赤身肉（かたまり。切り口の1辺が6㎝程度のもの）……500g
塩……小さじ1弱
サラダ油……小さじ1

つけ合わせ

─グリーンサラダ*……適量

*グリーンサラダ……ベビーリーフ1袋、食べやすく切ったグリーンカール2枚、好みのハーブ適量を混ぜ合わせ、白ワインビネガー小さじ1、フレンチマスタード小さじ1/2、サラダ油小さじ2、塩、こしょう各少々を混ぜ合わせたドレッシングをかける。

1　牛肉は冷蔵庫から出して30分（真夏は15分）ほどおき、塩をすり込む。

2　フライパンにサラダ油を入れて強めの中火でしっかりと熱し、牛肉を入れ、表面全体を30秒ずつ焼く。トングを使って6面すべてを焼き（a）、いったん取り出す。

3　弱火にし、温度が安定したら牛肉を戻し入れ、大きな面4面を15秒ずつ焼いては返し…を繰り返し、10〜20分焼く。途中、10分を過ぎたあたりで、牛肉の中心に金串を刺して5秒数えて抜き、金串の先が温かくなっているかどうかをチェック。ほんのりではなく、ちゃんと温かくなっていたら焼き上がり。まだ冷たいようなら同様の焼き方でさらに焼く。肉質や肉の形状、火加減で焼き時間が変わってくるので必ずチェックする。

4　牛肉を取り出してアルミホイルで包み、そのまま余熱で20分ほどおいて肉を落ち着かせる（b）。熱いうちに切るとおいしい肉汁が流れ出してしまうので、この状態で待つ。

5　食べやすい厚さに切って器に盛り、グリーンサラダをつけ合わせる。好みでローストビーフに黒こしょう（材料外）をかけても。

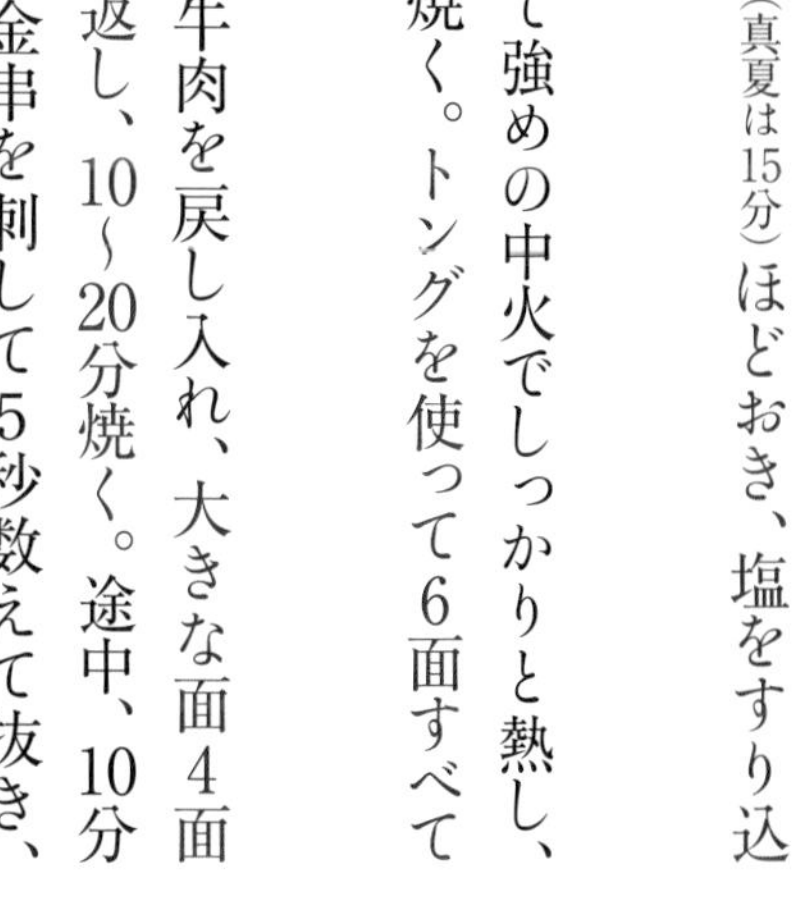
a

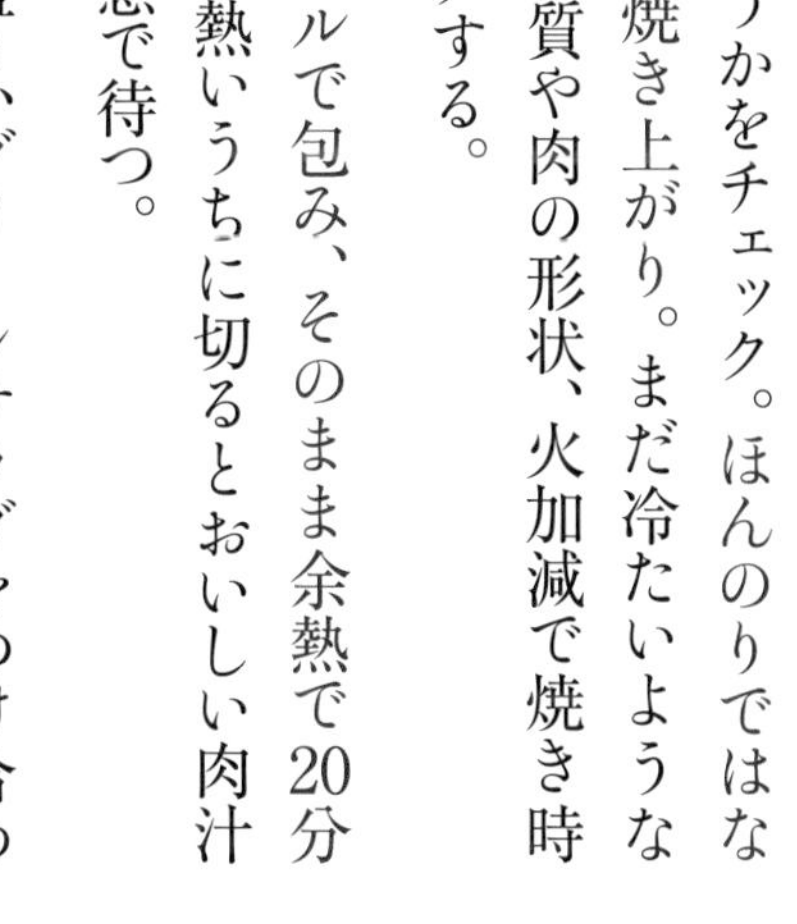
b

真鯛のポワレ

皮面に薄力粉をつけて
カリッと焼き上げ、
身は手早く焼いて
火を通しすぎないのがコツ。

材料（2人分）

真鯛（切り身）……2切れ
塩……小さじ½
黒こしょう……適量
薄力粉……適量
サラダ油……大さじ1

カットトマトソース
トマト……小1個
オリーブオイル……大さじ2
塩、黒こしょう……各少々
パセリのみじん切り……適量

1 カットトマトソースのトマトは、横半分に切って種をあらかた取り除き、1cm角に切る。

2 鯛は塩をすり込んで5分ほどおき、水でさっと表面を洗ってペーパータオルで水分をしっかりと拭き取り、こしょうをふる。

3 バットに薄力粉を入れ、鯛の皮面を下にして入れ、皮にのみ薄力粉をつける（**a**）。余分な粉をはたいてごく薄くついた状態にしておくと、カリッと焼き上がる。

4 フライパンにサラダ油を入れて広げ、ここではまだ火はつけず、鯛の皮目を下にしてフライパンに密着させるようにして並べ、弱火にかける。ゆっくりと火を通し、皮面から7割程度火が通っている状態まで焼く。時間の目安は6〜7分、身が白くなってくるまで。

5 皮がこんがり焼けていることを確認し、まだであれば少し火を強めて焼いてカリッとさせてから裏返し、身を1分ほど焼く。器に盛る。

6 カットトマトソースを作る。**5**のフライパンの余分な油や水分をペーパータオルで拭き取り、オリーブオイルをひいて熱し、**1**のトマトを入れて軽く煮くずれるまで中火で炒め煮にする（**b**）。塩、こしょうで味を調え、パセリを加えて混ぜ、**5**の鯛にかける。ここでは温製ソースにしたが、材料を混ぜただけの冷製ソースにしてもよい。

a

b

たらとえびのワイン蒸し

たらとえびは
それぞれに適した
下ごしらえをするのが基本。
レモンを加えて蒸すと
すっきりと仕上がります。

材料（2人分）

生たら（切り身）……2切れ
えび（無頭、殻つき）……中6尾
塩、白こしょう……各適量
オリーブオイル……大さじ1/2
レモンの輪切り（ノーワックス）……2枚
白ワイン……1/3カップ

オイルレモンソース
オリーブオイル……大さじ1
レモンの搾り汁……大さじ1
塩、白こしょう……各少々

スナップえんどう（筋を取ってさっとゆでる）……8〜10本

1　たらは塩小さじ1/2をすり込んで5分ほどおき、水でさっと表面を洗う（**a**）。ペーパータオルで水分をしっかりと取り、こしょうをふる。塩をふって洗うことで余分な水分と臭みが抜ける。

2　えびは殻をむいて尾と背ワタを取り、片栗粉小さじ1（材料外）をからめ、片栗粉がグレーになったら水で洗い流し、ペーパータオルで水気を拭く。片栗粉をからめることで独特の臭みが取れる。そのあと軽く塩、こしょうをふる。

3　フライパンにオリーブオイルをひいて**1**、**2**を入れ、レモンの輪切りと白ワインを加えて強火にかける。沸騰してきたら火を弱め、ふたをして2〜3分、中火で蒸し煮にし（**b**）、たらとえびに火を通す。ワインが沸騰してからふたをするとアルコール分が抜けて風味とうまみが残り、レモンを加えて蒸すとすっきりと仕上がる。レモンとともに器に盛り、スナップえんどうをそのまま、または縦半分にさいて飾る。

4　**3**のフライパンを再び火にかけて蒸し汁を半量になるまで煮詰め、オイルレモンソースの材料を加えてひと煮立ちさせ、**3**にかける。

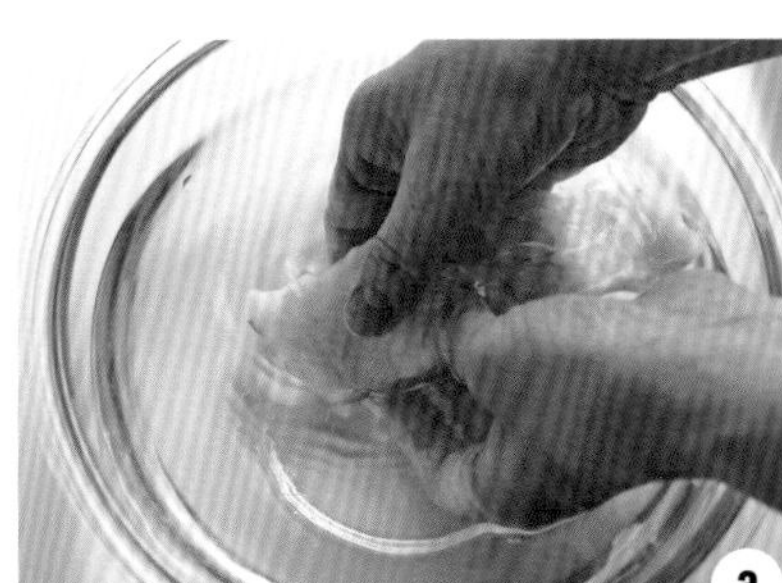
a

b

ドライカレー

はじめに
スパイスを炒めて
香りを十分に引き出し、
赤ワインとヨーグルトで
うまみとまろやかさを
出します。

材料（作りやすい分量）

合いびき肉……250g
玉ねぎ……1個
セロリ……1/2本
にんじん……1/2本
ピーマン……1個
サラダ油……大さじ1
クミンシード……小さじ1
にんにく（みじん切り）……大さじ1/2
しょうが（みじん切り）……大さじ1
カレー粉……大さじ1 1/2
赤ワイン……1/3カップ
カットトマト（水煮缶）……1/2缶
塩、粗びき黒こしょう……各適量
プレーンヨーグルト（無糖）……1/3カップ
ご飯……適量
ゆで卵……適量

1 玉ねぎ、セロリはみじん切りにする。にんじんは皮をむき、ピーマンはヘタと種を取り、それぞれみじん切りにする。

2 鍋にサラダ油、クミンシード、にんにく、しょうがを入れて中火にかけ、香りがしっかり立つまで炒める（a）。ここで香りを出しておくとスパイシーに仕上がるだけでなく、味に奥行きが出る。

3 **2**に**1**の野菜を加えてしんなりするまでさらに炒め、カレー粉を入れてなじませるように炒め、ひき肉を加えてほぼ火が通るまで炒める。

4 赤ワインを加え（b）、煮立ててアルコール分を飛ばし、肉の臭みを取って風味とうまみをプラスする。

5 カットトマト、水1カップ、塩小さじ1、こしょう少々を入れて弱火にし、ときどき混ぜながら水分がほぼなくなるまで20分ほど煮る。仕上げにヨーグルトを加えて味にまろやかさを足し、塩、こしょうで味を調える。

6 器にご飯を盛って**5**のドライカレーをかけ、ゆで卵を輪切りにして添える。

a

b

オムライス

炊き込むタイプの
チキンライスは
香りがよくてやさしい味わい。
卵を巻き込むように
フライパンを返すと
上手に包めます。

材料（2人分）

チキンライス（作りやすい分量）
米……2合
鶏もも肉……150g
マッシュルーム（薄切り）……100g
玉ねぎ（みじん切り）……¼個分
バター……大さじ1½
水……360㎖
塩、黒こしょう……各適量
ローリエ……1枚
トマトケチャップ……大さじ4〜5
グリーンピース（缶詰または冷凍）……⅓カップ

卵……3個
塩、黒こしょう……各少々
サラダ油……小さじ2
トマトケチャップ……適量
パセリ……少々

1 チキンライスを作る。米は洗ってザルに上げ、30分ほどおく。鶏肉は小さめの角切りにし、塩、こしょう各少々をふる。

2 フライパンにバターを入れて弱火で熱し、鶏肉と玉ねぎを入れて炒め、玉ねぎがしんなりしたら米を加える。米が熱くなるまで炒め、マッシュルームを加えて混ぜ合わせる。

3 水を注ぎ入れ（a）、塩小さじ¼、こしょう少々、ローリエを入れて強火にし、煮立ったらひと混ぜしてふたをし、弱火で10分ほど炊く。鶏肉やマッシュルームからうまみが出るので水だけで十分。米2合分なら、やや深めのフライパンでおいしく炊ける。

4 米がふっくらしたら、フライパンに残った水分を飛ばすように10秒ほど火を強めて火を止める。10分ほど蒸らし、トマトケチャップとグリーンピースを加えて混ぜる。水分が多いようであれば、中火にかけて軽く混ぜながら水分を飛ばす。

5 オムライスを作る。卵は割りほぐし、塩、こしょうをふる。

6 フライパンにサラダ油小さじ1をひいて中火で熱し、卵の半量を流し入れて全体に広げ、まだ半熟のうちにチキンライス茶碗1杯分を卵の右半分に広げてのせる。フライパンを右に傾け、左側の卵をチキンライスの上にのせ、右側の卵を巻き込むようにしながらフライパンを返して器に盛る（左右逆でもよい／b）。無理にフライパンの中で包もうとせず、皿で受けながらフライパンを返すとよい。同様にしてもうひとつ作り、トマトケチャップをかけ、パセリを飾る。

a

b

きのこのクリームリゾット

米は粘りが
出ないように
洗わないで使い、
水を2回に分けて入れ、
アルデンテに仕上げます。

材料（2人分）

米……1合
しめじ、しいたけ
……合わせて200g
ポルチーニ＊（乾燥。あれば）
……5g
玉ねぎ（みじん切り）……1/4個分
オリーブオイル……大さじ1 1/2
白ワイン……1/4カップ
生クリーム（乳脂肪分40％以上）
……1/4カップ
塩、黒こしょう……各適量
パルメザンチーズ（かたまり）
……適量

＊ポルチーニ……強い香りと濃厚なうまみが特徴で、イタリアではきのこの王様と呼ばれる。乾燥のものは日本でも入手でき、入れるとぐっと深みのある味わいに。

1 しめじとしいたけは石づきを取って食べやすい大きさに切る。ポルチーニは熱湯1/2カップに浸して5分ほどおき、もどしてみじん切りにする。もどし汁は水2カップと合わせる。

2 フライパンにオリーブオイルを入れて弱火で熱し、玉ねぎを入れてしんなりするまで炒め、米を加えて油をなじませ、米が熱くなるまで1分ほど炒める（**a**）。米を洗うと表面のデンプン質が洗い流され、とろりとしたアルデンテに仕上がらないので、洗わずに炒める。油でコーティングすることでさらっと仕上がる。

3 **2**にしめじ、しいたけ、ポルチーニを加えてざっと混ぜ、白ワインを加えて強火にし、水分がほぼなくなるまで煮る。ブイヨンなどを使わない代わりに白ワインでコクを出す。**1**の水分の半量を注ぎ入れ（**b**）、塩小さじ1/3をふる。煮立ったら全体を混ぜ、弱めの中火にし、全体にゆっくりと小さくポコッポコッと沸いている状態で、6〜7分触らずに煮る。

4 水分がほぼなくなったら残りの水分を加えてざっと混ぜ、強火にしてひと煮立ちさせる。弱火にして6〜8分、水分がほぼなくなってアルデンテになるまで煮る。水分を2回に分けて入れることで粘りが出すぎない。

5 水気が多ければ火を強めて水分を飛ばす。仕上げに生クリームを入れて軽く煮詰め、パルメザンチーズをすりおろして大さじ2ほど入れて混ぜ、塩、こしょうで味を調える。

6 器に盛り、さらにパルメザンチーズをすりおろしてかける。

a

b

じゃがいものガレット

丸く平たくカリッと焼いた料理がガレット。その名のとおり表面はカリカリッ、中はホクホクに仕上げるのがポイントです。

材料（作りやすい分量）
じゃがいも（できればメークイン）……大3個
塩……小さじ1/3
黒こしょう……少々
サラダ油……大さじ1〜2

1 じゃがいもは皮をむき、せん切りスライサーなどでせん切りにする。水にさらさないでボウルに入れ、塩、こしょうをふり、軽く手でもむようにして混ぜる(a)。じゃがいものデンプンでまとまりやすくなる。

2 フライパンにサラダ油大さじ1を入れて中火にかけ、じゃがいもを入れて平らに広げ、フライ返しで丸く形作る。そのまま触らず、焼き色がつくまで焼き、表面をフライ返しで押さえて形を整える(b)。

3 フライパンよりひと回り小さい皿をかぶせ、フライパンごとひっくり返し、皿からガレットをすべらせるようにしてフライパンに移す。フライ返しで表面をギュッと押さえながら香ばしく仕上げる。カリッとさせるために途中で鍋肌からサラダ油を足しても。

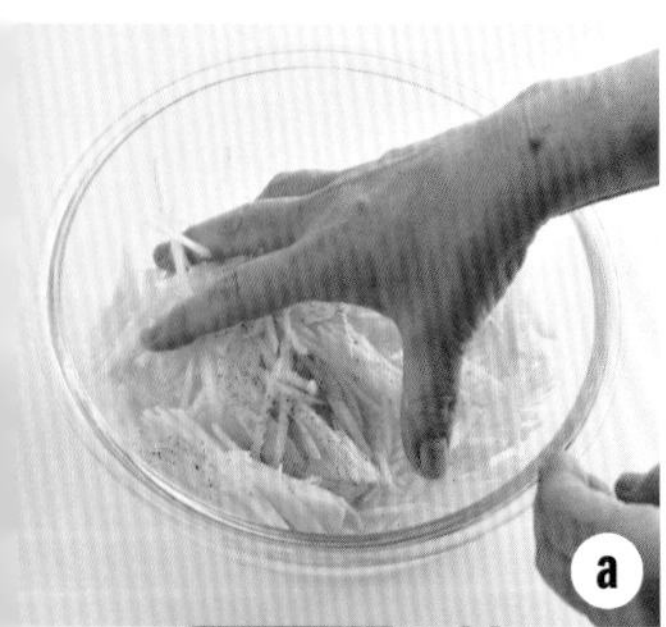
a

b

ラタトゥイユ

水分をいっさい加えず、野菜の水分だけで煮るのが特徴。野菜を別々に炒めてから煮ると、それぞれの味が生きてきます。

材料（作りやすい分量）

パプリカ（黄）……1個
ピーマン……2〜3個
なす……2本
ズッキーニ……1本
玉ねぎ……1個
オリーブオイル……大さじ3
にんにく（たたいてつぶす）……1かけ分
カットトマト（水煮缶）……400g
塩、黒こしょう……各適量
エルブ・ド・プロヴァンス*……小さじ1弱

*エルブ・ド・プロヴァンス……タイム、ローズマリー、セージ、ローリエなど南仏プロヴァンス地方で使われるハーブをブレンドしたハーブミックス。

1　パプリカとピーマンはヘタと種を取り、なすはヘタを取り、それぞれ2cm角に切る。

2　ズッキーニ、玉ねぎも2cm角に切る。

3　フライパンにオリーブオイル大さじ1を入れて強めの中火で熱し、**1**を入れてしんなりするまで炒め、塩小さじ1/2をふって取り出す。オリーブオイル大さじ1を足し、**2**を入れて軽く炒め、塩小さじ1/2をふって取り出す。

4　**3**のフライパンに、にんにくとオリーブオイル大さじ1を入れて弱火にかけ、香りが立ったらカットトマトを加える。フツフツしてきたら火を弱めて塩小さじ1/3を加え、ふたをずらしてのせ、ときどき混ぜながら5分ほど煮る。

5　**4**に**3**を入れ（a）、エルブ・ド・プロヴァンスを加えて中火にし、煮立ったら弱火にして8分ほど煮る。塩、こしょうで味を調える。

ほうれん草のバター煮

さっとゆでてから
バターで蒸し煮にすると
余分な水分が飛んで
うまみが引き立ちます。

アスパラガスのオイル蒸し

オリーブオイルと水で
フライパン蒸しにすると
オイルでコーティングされて
野菜のおいしさが際立ちます。

ほうれん草のバター煮

材料（2人分）

ほうれん草……300g
玉ねぎ（薄切り）……½個分
バター……10g
にんにく（みじん切り）……小1かけ分
塩、黒こしょう……各適量

1 ほうれん草は根元に十字の切り込みを入れ、水に15分ほどつけてシャキッとさせる。

2 フライパンにたっぷりめの湯を沸かし、ほうれん草を入れてさっとゆで、水に取る。粗熱が取れたら水気をしっかりと絞り、5cm長さに切る。

3 フライパンにバターを入れて中火にかけ、バターが溶けて泡立ってきたら玉ねぎ、にんにくを入れてさっと炒め、ほうれん草を入れてざっと混ぜる。水½カップを加えてふたをし、好みのやわらかさになるまで5～10分蒸し煮にする。

4 ふたを取り、塩、こしょうで調味し、余分な水分を飛ばす（a）。これでうまみがギュッと詰まり、水っぽさがなくなる。

アスパラガスのオイル蒸し

材料（2人分）

アスパラガス……6本
オリーブオイル……小さじ2
塩、黒こしょう……各適量

1 アスパラガスは根元のかたい部分の皮をピーラーでむき、斜め半分に切る。

2 フライパンに**1**を入れ、オリーブオイル、水⅓カップを加えてふたをし（a）、強めの中火にかける。沸騰してきたら中火にして3～5分蒸す。途中で水分がなくならないように気をつけ、少なくなったら足す。

3 ふたを取り、塩、こしょうで味を調える。水分が残っているようであれば軽く煮詰めるとおいしく仕上がる。

フライパンで仕上げるパスタ

ベーコンと玉ねぎのトマトソーススパゲッティ

トマトソースで作る定番メニュー。ソースの汁気を煮詰めるとトマトの味が凝縮し、パスタともからみやすくなります。

材料（2人分）
スパゲッティ……200g
ベーコン（かたまり）……50g
玉ねぎ（みじん切り）……½個分
オリーブオイル……大さじ3
にんにく（みじん切り）……小1かけ分
カットトマト（水煮缶）……1缶（400g）
塩、黒こしょう……各適量

1 ベーコンは8㎜角程度の棒状に切る。フライパンにオリーブオイルを入れて中火にかけ、にんにく、玉ねぎ、ベーコンを入れ、しんなりするまで炒める。

2 カットトマトを加えて弱火にし、汁気が少なくなってぽったりとするまで7〜8分煮る（**a**）。はねやすいので、ふたをずらしてのせておくとよい。塩、こしょうで味を調える。

3 スパゲッティは塩適量（湯の分量に対して1％）を加えた熱湯でゆでる。袋の表示より1分ほど早く引き上げて汁気をきり、**2**のフライパンに加えてあえる。

スパゲッティ・ボンゴレ・ビアンコ

オイル系パスタの代表は、あさりと白ワインで作るこの一品。
スパゲッティを袋の表示より短めにゆで、
あさりの蒸し汁を吸わせてちょうどよく仕上げます。

材料（2人分）

スパゲッティ……200g
あさり（砂抜き済み）……300g
塩……適量
オリーブオイル……大さじ2
にんにく（薄切りにして芯を除く）……大1かけ分
赤唐辛子（種を除いて輪切り）……小1本分
白ワイン……1/3カップ
パセリ（みじん切り）……適量

1 スパゲッティは塩（湯の分量に対して1%）を加えた熱湯でゆで始める。あさりは水の中でこすり洗いをする。

2 フライパンにオリーブオイル、にんにく、赤唐辛子を入れて中火にかけ、にんにくと赤唐辛子が色づいてきたら、あさりと白ワインを加えてふたをする。あさりの口が開いたら火を止める。**1**のゆで汁を1/4カップ程度加える。

3 スパゲッティを袋の表示より1分ほど早く引き上げて汁気をきり、**2**のフライパンに加え、中火にかけてソースを吸わせるようにしながらあえる（a）。味をみて足りないようなら塩で味を調え、パセリを加えて混ぜる。

ウー・ウェンさんに教わる 炒めもの

まず知っていてほしいのは、炒めるという調理法は、フライパンの中でかき混ぜながら焼くことではありません。加熱したボウルの中で、素材をさっとあえて熱を回すイメージです。炒めものを作って、表面だけ焦げて中まで火が入っていないということはありませんか。おいしい炒めものとは、表面はシャキッと中はジューシー。それは下ごしらえに秘密があります。

たとえば回鍋肉《ホイコーロー》。豚肉とキャベツは下ゆですることで、途中まで火を入れ、余分な水分を出しておきます。最後にフライパンの中で調味料と合わせれば完成。魚介も炒める前に下ゆですることで臭みが取れ、炒め時間も短縮できます。

もうひとつ重要なのは、肉や魚介などのタンパク質に下味をつけること。このひと手間で素材のおいしさがぐっと底上げされます。このように、下ごしらえをちゃんとしておけば、肝心の炒める技術はさほど必要なく、おいしくできたも同然です。

中華の炒めものは終始強火でと言われてきましたが、それはプロの話。家庭でそれをやろうとすると、中に火が通る前に表面が焦げて、ムラが出てしまいます。油を入れて火にかけたらあとは中火でしっかり炒めて水分を飛ばす、と覚えましょう。

ウー・ウェン●中国・北京生まれ。母親仕込みの北京家庭料理をベースにしたレシピの数々は、どれも実生活から生まれた理にかなったものばかり。素材の持ち味を生かしたシンプルな料理が人気。

炒めものが得意になるための「3つのコツ」

1 炒めものは下ごしらえで決まる

たとえば、青椒肉絲《チンジャオロースー》の牛肉とピーマンは同じ太さに切る、鶏むね肉は繊維に沿って切る、肉や魚に下味をつけておく、下ゆでしておく……など、おいしさを左右する下ごしらえをきちんとしておくこと。ここで時間をかけておけば失敗がなく、炒めるときに慌てることもありません。

2 タンパク質に味をつける

肉や魚介を先に炒め、野菜を加えて炒め合わせるというのが炒めものの基本手順。肉や魚介を炒める際に、調味料で味をからめておくとうまみを逃がさず、かたくなったり、パサついたりしません。この段階でしっかりと味がついていると、野菜を入れてからの調味はほぼしなくて大丈夫。

3 深さのあるフライパンを使う

炒めものは底が平らで浅いフライパンより、中華鍋や深形フライパンを使ったほうが断然おいしく仕上がります。底が丸いため、熱を一気にしっかりととらえて熱回りがよく、表面積が広いから水分も蒸発しやすい。炒めものの効率がよくなり、油の量も少なくてすみます。

青《チン》椒《ジャオ》肉《ロー》絲《スー》

料理名の「絲」とは
細切りにすること。
味と食感のバランスを考えて
肉と野菜を
同じくらいの大きさに
切りそろえるのがベスト。

材料（2人分）

牛もも肉（焼き肉用）……200g

牛肉の下味
- こしょう……少々
- 酒……大さじ1
- 塩……ひとつまみ
- 片栗粉……小さじ1

ピーマン……3個
太白ごま油……大さじ1
しょうゆ……小さじ1
オイスターソース……小さじ2/3

1 牛肉は細切りにし、ピーマンはヘタと種、ワタを取り、繊維に沿って細切りにする（a）。同じくらいの大きさに切りそろえると、食べ心地がよく、見た目にもきれい。牛肉をボウルに入れ、下味の材料を順に加えてその都度混ぜる。牛肉の代わりに豚肉を使ってもよい。

2 炒め鍋に太白ごま油と牛肉を入れて火にかけ、牛肉の水分がなくなるまで中火でしっかりと炒める。

3 しょうゆ、オイスターソースを加えて味をなじませる（b）。ここで牛肉にしっかり味をつけておくことが大事。

4 ピーマンを加えてざっと炒め、ピーマンの香りが出たら火を止める。ピーマンの食感を楽しみたいので、炒めすぎないようにする。また、炒め鍋の中に長く入れておくと余熱で火が入ってしまうので、できたらすぐに器に盛る。

a

b

回《ホイ》鍋《コー》肉《ロー》

「回鍋」とは
調理したものを
再び鍋に戻すという意味。
まずキャベツと豚肉をゆで、
最後に鍋で炒め合わせると
しっとり本格的な仕上がりに。

材料（2人分）

豚ロースまたは肩ロース肉（しょうが焼き用）……200g

豚肉の下味
- こしょう……少々
- 塩……ひとつまみ
- 片栗粉……小さじ1

キャベツ……150g
長ねぎ……10cm

合わせ調味料
- 甜麺醤《テンメンジャン》……小さじ1
- みそ……大さじ1
- 酒……大さじ1

太白ごま油……大さじ½

1　豚肉は半分に切る。キャベツは大きめのひと口大に切り、長ねぎは斜め薄切りにする。豚肉は薄切りではなく、しょうが焼き用くらいの厚さのものを使うと肉のおいしさがより味わえる。キャベツも大きめに切ったほうが存在感が出る。

2　合わせ調味料の材料は混ぜ合わせる。

3　炒め鍋にたっぷりの湯を沸かし、キャベツを入れてさっとゆで、水気をきる。続いて豚肉を入れてしっかりとゆで（a）、水気をきってボウルに入れ、下味の材料を順に加えてその都度混ぜる。キャベツと豚肉をゆでておくと、炒めてもかたくならず、おいしい。

4　**3**の炒め鍋に太白ごま油と長ねぎを入れて中火で熱し、長ねぎの香りが出たら**3**の豚肉を入れて炒め（b）、うまみを引き出す。

5　**2**を加えて肉に味をからめ、キャベツを入れてさっと炒め合わせる（c）。キャベツから水分が出ないように手早く炒めるようにする。

a

b

c

木《ム》須《ス》肉《ロー》

豚肉、卵、
きくらげ、あとは
残り野菜を入れる
中国の家庭料理。
卵は大きく混ぜて
ふんわりと
火を通しておき、
最後に混ぜるのがコツ。

材料（2人分）

豚こま切れ肉……100g

豚肉の下味

こしょう……少々
酒……大さじ1
塩……ひとつまみ
片栗粉……小さじ½

きくらげ（乾燥）……10g
卵……2個
長ねぎ（青い部分）……10cm
しょうが……1かけ

合わせ調味料

しょうゆ……大さじ1
黒酢……小さじ1
はちみつ……小さじ1

太白ごま油……大さじ1

1　きくらげは水につけてもどし、石づきを取ってきれいに洗い、水気をきる。ゆっくりともどしたほうが本来のおいしさを堪能できるので、できればひと晩、最低でも1時間つけてもどす。

2　豚肉はボウルに入れ、下味の材料を順に加えてその都度混ぜる。卵は割りほぐす。長ねぎは斜め薄切りにする。残りがちな長ねぎの青い部分を活用すると、香りと彩りがよくなるのでおすすめ。しょうがはせん切りにする。

3　合わせ調味料の材料は混ぜ合わせる。

4　炒め鍋に太白ごま油大さじ⅔を入れて中火で熱し、溶き卵を入れて大きくかき混ぜてふんわりと火を通し（a）、いったん取り出す。卵は余熱でどんどん火が通ってしまうので、ふんわりとかたまってきたらすぐに炒め鍋から出すこと。

5　**4**の炒め鍋に太白ごま油大さじ⅓と豚肉を入れて火にかけ、火が通るまで中火でしっかりと炒め、合わせ調味料を加えて混ぜ、きくらげを加えて炒め合わせる。

6　しょうが、長ねぎを加えて炒め、香りが出たら**4**の卵を戻し入れ（b）、卵のふんわり感を損なわないようにさっと炒め合わせる。

a

b

黒酢酢豚

本来の酢豚は
肉の香ばしさと甘み、
酸味の調和を
楽しむための主菜。
下味をしっかりつけた
豚肉をカラリと揚げ、
甘酢あんをじっくりと
からめれば完成。

材料（2人分）

豚肩ロース肉（とんカツ用）……200g

豚肉の下味

こしょう……少々
塩……小さじ1/4
酒……大さじ1
片栗粉……大さじ1/2

甘酢

黒酢……大さじ1 1/2
しょうゆ……大さじ1
はちみつ……大さじ1/2
こしょう……少々

太白ごま油……1/2カップ
にんにく……1かけ
白炒りごま……大さじ1/2
細ねぎ（小口切り）……1〜2本分

1 豚肉は厚さに合わせて棒状に切り、ボウルに入れ、下味の材料を順に加えてその都度混ぜる。下味をつけておくと揚げてもかたくならず、ジューシー。片栗粉を最後にまんべんなくつけると、油を吸いすぎない。

2 炒め鍋に太白ごま油を入れて高温（180℃）に熱し、**1**を入れて色よく揚げ、中まで火が通ったら取り出し（**a**）、油をきる。この香ばしさがおいしさになる。

3 炒め鍋の油をあけ、甘酢の材料を入れてやや強火にかける。煮立ったらそのまま少し煮詰めてとろみをつけ、**2**の豚肉を入れ（**b**）、中火でしっかりとからめていく。泡が大きくなったら混ぜ、少しおいてまた混ぜる、を繰り返す。

4 にんにくをたたいて加え、香りが出たら火を止める。

5 器に盛り、ごまと細ねぎをふる。

牛肉と香味野菜のしょうゆ炒め

薄切り肉をおいしく
いただくための一品。
牛肉をしっかりと炒め、
火を止めてから
香味野菜とあえるだけ。
炒めた肉のおいしさを
もり立てます。

材料（2人分）

牛薄切り肉……200g

牛肉の下味

こしょう……少々

酒……大さじ1

塩……ひとつまみ

片栗粉……小さじ1/2

香菜……2本

しょうが……20g

長ねぎ……10cm

太白ごま油……大さじ1

しょうゆ……大さじ1

1　牛肉はボウルに入れ、下味の材料を順に加えてその都度混ぜる（**a**）。手で触ると手の熱で脂が溶け出てくるので、箸で混ぜる。こしょうは清涼感、酒は臭みを消してうまみを加え、塩はうまみを引き出し、片栗粉はうまみを逃がさない役目がある。

2　香菜は3cm長さに切り、しょうがはせん切りにする。長ねぎは食べやすい長さに切り、繊維に沿ってせん切りにする（**b**）。香味野菜をたっぷりと組み合わせるのがポイント。みょうが、細ねぎ、ミント、イタリアンパセリなどを使ってもよい。

3　炒め鍋に太白ごま油と**1**の牛肉を入れて火にかけ、火が通るまで中火でしっかりと炒める。やみくもに混ぜず、焼きつけるようにしながら炒めていく。

4　鍋肌からしょうゆを加えて味をからめ、**2**の香味野菜を加えて、さっと混ぜて火を止める。しょうゆを鍋肌から加えると香ばしさが加わっておいしくなる。

a

b

鶏むね肉とクレソンの塩炒め

鶏肉は繊維に沿って切り、下味のしょうゆとごま油でコクとうまみをプラス。加熱するとパサつきがちな鶏むね肉をおいしく炒める方法です。

材料（2人分）

鶏むね肉……1枚

鶏肉の下味

こしょう……少々

酒……大さじ1

しょうゆ……小さじ1

ごま油……小さじ1

片栗粉……小さじ1

クレソン……1束

太白ごま油……大さじ1

塩……小さじ1/3

1　鶏肉は繊維に沿って薄く切り（a）、さらに細切りにする。繊維に沿って切ると口当たりがよく、むね肉のおいしさが楽しめる。同じサイズに切ると火の通りが均一になる。

2　鶏肉をボウルに入れ、下味の材料を順に加えてその都度混ぜる（b）。しょうゆを入れて風味を出し、ごま油を加えてコクを出す。片栗粉を入れるとうまみが逃げない。

3　クレソンは3㎝長さに切る。

4　炒め鍋に太白ごま油と**2**の鶏肉を入れて火にかけ、火が通るまで中火でしっかりと炒める。

5　塩で味を調え、クレソンを入れてさっと炒め合わせる。肉はしっかりと火を入れ、野菜は火を入れすぎないのが、食感よく仕上げるポイント。

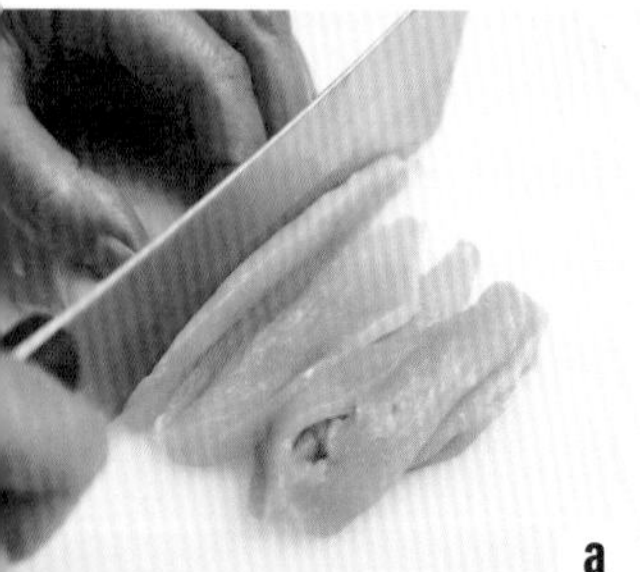

a

b

レバにら炒め

レバーは塩水に浸して血抜きをしてからゆでて臭みを抜き、下味をつける。この下ごしらえさえしっかりしていれば絶品のレバにらに。

材料（2人分）

豚レバー（スライス）……200g

レバーの下味
- こしょう……少々
- 酒……大さじ1
- 塩……ひとつまみ
- 片栗粉……小さじ1

にら……1束

合わせ調味料
- しょうゆ……大さじ1
- 黒酢……小さじ1
- はちみつ……小さじ1

太白ごま油……大さじ1

1 レバーは塩水（水2カップ＋塩大さじ1/2）につけて20分ほどおき（a）、水気をきる。これで臭みのもとである血抜きができる。

2 炒め鍋にたっぷりめの湯を沸かし、レバーを入れてゆで、中までしっかり火を通す（b）。弾力が出るまでゆでること。水気をきってボウルに入れ、下味の材料を順に加えてその都度混ぜる。これで臭みがやわらぐ。

3 にらは3cm長さに切る。合わせ調味料の材料は混ぜ合わせる。

4 炒め鍋に太白ごま油とレバーを入れて火にかけ、油をなじませるように中火で炒める。合わせ調味料を加えてしっかりとからめ、にらを加えてさっと炒め合わせる。

a

b

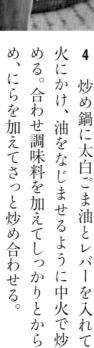

豚肉のしょうが焼き

しっかりと焼きつけて
肉の表面の色が変わったら
返しどき。
黒酢入りのたれを
からめながら焼き上げると
やわらかジューシーに。

材料（2人分）

豚ロースまたは肩ロース肉（しょうが焼き用）……200g

豚肉の下味

こしょう……少々

酒……大さじ1

片栗粉……小さじ1

たれ

しょうが（すりおろし）……大さじ1

りんご（すりおろし）……大さじ2

しょうゆ……大さじ1

黒酢……大さじ$\frac{1}{2}$

太白ごま油……大さじ1

つけ合わせ

キャベツ……100g

にんじん……小1本

1 豚肉はボウルに入れ、下味の材料を順に加えてその都度混ぜる。片栗粉が入ると肉のうまみが逃げず、たれのからみがよくなる。

2 たれの材料は混ぜ合わせる。りんごの代わりに、なしや洋なしを使っても。なければはちみつでも。黒酢を入れるとまろやかなコクが出る。

3 つけ合わせのキャベツはせん切りにし、にんじんは皮をむいてせん切りにする。ザルに入れて熱湯を回しかけ、水気をしっかりときる。切っただけのものより口当たりがよく、しょうが焼きによく合い、たくさん食べられる。

4 炒め鍋に太白ごま油を入れ、豚肉をあまり重ならないように並べ入れ、中火にかけてしっかりと焼く。

5 表面の色が変わったらひっくり返し（a）、**2**のたれを加え、汁気がなくなるくらいまで全体に味をからめる（b）。

6 器に**3**の野菜を敷き、豚肉のしょうが焼きを盛り、炒め鍋に残ったたれをかける。

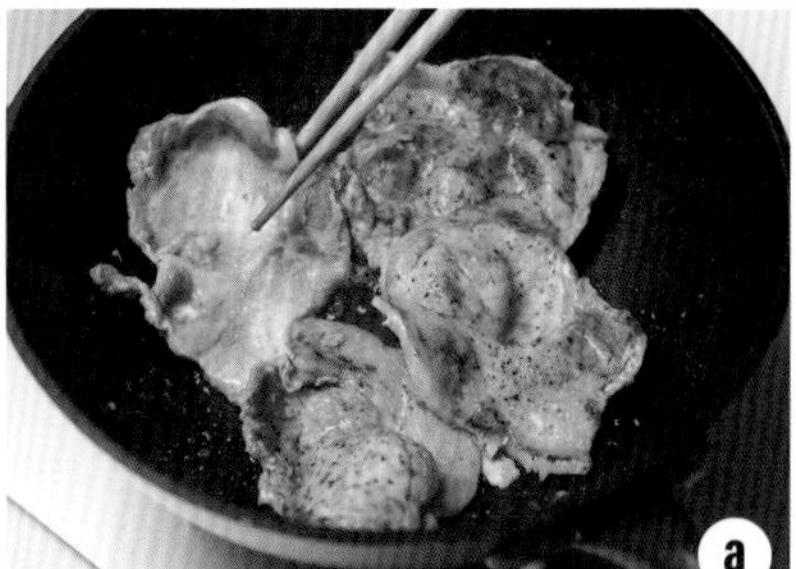

フレッシュトマトのえびチリ

えびはさっとゆでて
下味をつけておくと
臭みが抜けて
ぷりっとした食感に。
生のトマトを使った
チリソースがウー・ウェン流。

材料（2人分）

むきえび（大きめ）……200g

えびの下味

- こしょう……少々
- 酒……大さじ1
- 塩……ひとつまみ
- 片栗粉……小さじ1

トマト……1個

玉ねぎ……1/4個

しょうが……1かけ

にんにく……1かけ

太白ごま油……大さじ1

豆板醤《トウバンジャン》……小さじ1

オイスターソース……大さじ1/2

1 炒め鍋にたっぷりの湯を沸かし、えびを入れてさっとゆで、水気をきる。あとで炒めるので、ここではさっとゆでるだけでよい。

2 えびをボウルに入れ、下味の材料を順に加えてその都度混ぜる（**a**）。最後に片栗粉を混ぜるとぷりぷりとした食感に仕上がる。

3 トマト、玉ねぎ、しょうが、にんにくはみじん切りにする。

4 炒め鍋に太白ごま油、しょうが、にんにくを入れて中火で熱し、香りが出たら玉ねぎを加えて透明感が出るまで炒める。

5 豆板醤を加えて香りを出し、トマトを入れ、汁気が半量程度になるまでじっくりと煮詰める（**b**）。これで、フレッシュ感のあるピリ辛のチリソースができる。

6 オイスターソースで味を調え、えびを入れてからめる。

a

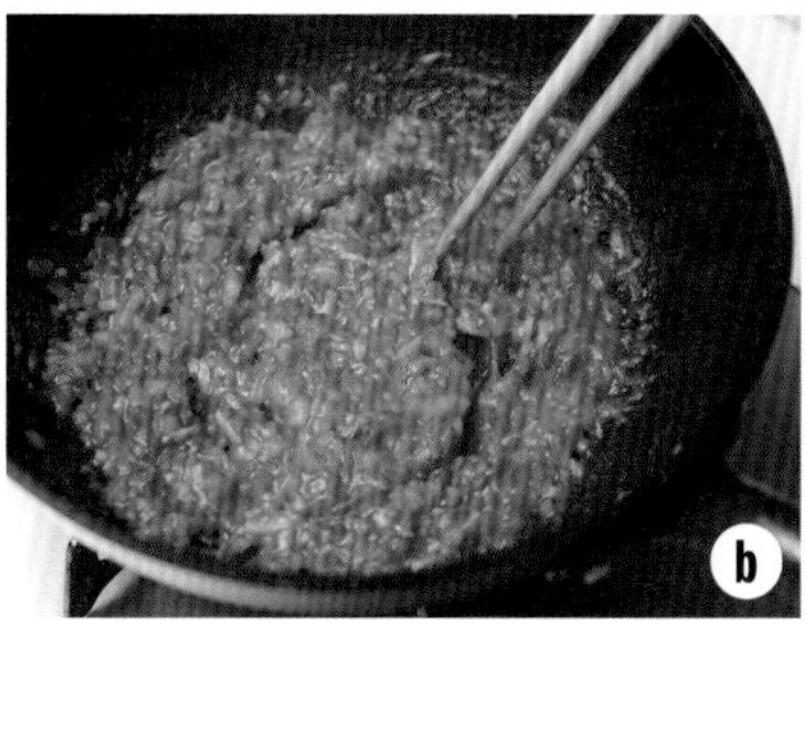

b

いかときゅうりの
オイスターソース炒め

いかはさっとゆでて
下味をつけておくと
加熱しても
やわらかなまま。
きゅうりは
たたいて炒めると、
味のからみが
ぐんとよくなります。

材料（2人分）

するめいか……1ぱい

いかの下味

　こしょう……少々

　酒……大さじ1

　塩……ひとつまみ

　片栗粉……小さじ1

きゅうり……2本

太白ごま油……大さじ1

オイスターソース

……大さじ1

1　いかは胴と足の部分に分け、内臓と軟骨を取り除き、さっと洗う。胴の部分は1㎝幅の輪切りにし、足の部分は食べやすい長さに切る。

2　炒め鍋にたっぷりめの湯を沸かし、いかを入れてゆで、水気をきる（**a**）。ゆですぎるとかたくなるので注意。

3　**2**をボウルに入れ、下味の材料を順に加えてその都度混ぜる。下味をつけると同時に、片栗粉を入れると味がからみやすくなる。

4　きゅうりは皮をむいて包丁の腹などで軽くたたきつぶし（**b**）、4等分に切る。皮をむくことによって火の通りが早くなり、ひびを入れることによって繊維が壊れ、断面が多くなり、包丁で切るより味が入りやすくなる。

5　炒め鍋に太白ごま油といかを入れて火にかけ、油をなじませるようにして中火で炒める。

6　オイスターソースを加えて味をなじませ、きゅうりを入れてさっと炒め合わせる。きゅうりの食感を楽しみたいから、炒めすぎないように。

a

b

厚揚げとなすの四川風炒め

香ばしく仕上げることが
最大のポイント。
厚揚げはすべての面を
しっかりと焼きつけ、
なすも乱切りにして
すべての面を焼きます。

材料（2人分）

厚揚げ……1枚
片栗粉……小さじ1
なす……2本
みそ……大さじ1
酒……大さじ3
太白ごま油……大さじ1
豆板醤《トウバンジャン》……小さじ1
花椒粉《ホワジャオフェン》……少々
細ねぎ（小口切り）……1〜2本分

1 厚揚げはひと口大に切り、切った面に片栗粉を薄くまぶす（**a**）。これで切り口にも味がからむ。

2 なすはヘタを切り落とし、皮をところどころむき、ひと口大の乱切りにする。皮をむくことで火の通りが早くなり、乱切りにすることで断面が増えて火の通りも味のなじみもよくなる。

3 みそと酒を混ぜ合わせる。

4 炒め鍋に太白ごま油を入れて厚揚げを並べ入れ、中火にかけて油を回しながらしっかりと焼く。特に切った面を香ばしく焼く。

5 豆板醤を加えて香りを出しながら味をからめ、**3**となすを加え、フツフツしたら弱火にし、ふたをして5分ほど蒸し焼きにする（**b**）。ふたをすると、なすの水分で火を通すことができる。

6 器に盛り、花椒粉と細ねぎを散らす。「四川風」は豆板醤などの唐辛子のピリッとした辛さと、花椒のヒリリとした辛さの両方が重要。

もやし炒め

ごま油と花椒の
香りが出てから
もやしを加え、
油でコーティング
するのが
おいしさの秘訣。

材料（2人分）

もやし……1袋
太白ごま油……大さじ1
花椒《ホワジャオ》……10粒
黒酢……小さじ1
塩……小さじ1/4
こしょう……少々

1　もやしはひげ根を取る（a）。ひげ根を取ることで臭みが消え、口当たりがよくなる。

2　炒め鍋に太白ごま油と花椒を入れて中火で熱し（b）、ごま油と花椒の香りが出たらもやしを入れ、油をなじませるように炒める。油でコーティングすると水っぽい仕上がりにならない。

3　黒酢を加え、もやしが透き通ってくるまでさらに炒め、塩、こしょうで味を調える。黒酢には生臭みを抑える効果がある。

a

b

青菜炒め

中火でじっくりと
火を通すことで
青菜の甘みと香りが
引き出されます。
炒める前に塩をふって
早めに野菜の水分を
引き出すのもポイント。

材料（2人分）

小松菜……1束（200g）
塩……小さじ1/3
長ねぎ……10cm
太白ごま油……大さじ1
こしょう……少々

1 小松菜は根元を少し切り落とし、3cm長さに切り、バットなどに広げて塩をふる（a）。炒める前に塩をふっておくと、早く水分が出て甘みやうまみ、香りが引き出され、色も鮮やかになる。長ねぎは斜め薄切りにする。

2 炒め鍋に太白ごま油と長ねぎを入れて中火で熱し、香りが出たら小松菜を加えてじっくりと炒める。

3 しんなりする前に火を止め、こしょうをふる。これで青菜ならではのシャキシャキ感も楽しめる。

a

卵炒《チャー》飯《ハン》

ご飯を加えたらすぐに
塩をふって炒めると、
粘り気のない、パラリとした
炒飯になります。
長ねぎは青い部分も使って
香りよく仕上げます。

材料（2人分）

卵……2個
長ねぎ（白い部分と青い部分）
……合わせて10㎝
ご飯……350g
太白ごま油……大さじ1
塩……小さじ1/3
しょうゆ……小さじ1
こしょう……少々
ごま油……小さじ1

1 卵は割りほぐす。長ねぎはみじん切りにする。長ねぎは白い部分と青い部分を両方使うと、それぞれの食感を楽しめて、香りよく仕上がる。

2 炒め鍋に太白ごま油を入れて中火で熱し、卵を流し入れて手早く炒め、卵に火が通ったら長ねぎを加え、香りが出るまでよく炒める（**a**）。この香りがおいしさの元になる。

3 ご飯を加えてすぐに塩をふり（**b**）、さらに炒める。塩をふることによってご飯の粘りが出ない。

4 ご飯がパラリとなったらしょうゆを鍋肌から回しかけて香ばしさを出し、こしょうをふり、仕上げにごま油を加えて香りをつける。仕上げのごま油は香りのよいものを使うとおいしい。具がシンプルだからこそ、しょうゆやごま油、香味野菜の香りがいきる。

a

b

ねぎ焼きそば

長ねぎをじっくりと炒めて
香りを十分に出すのがポイント。
黒酢を加えて蒸し焼きにすることで
麺にふっくらと火が入り、
あっさりとしていながらも
コクのあるおいしさになります。

材料（2人分）

中華蒸し麺……2玉
長ねぎ……½本
太白ごま油……大さじ1½
黒酢……大さじ2
しょうゆ……大さじ1
こしょう……少々

1 中華麺は常温にもどしてほぐす。長ねぎは斜め薄切りにする。

2 炒め鍋に太白ごま油、長ねぎを入れて中火で熱し、長ねぎの香りが出るまでじっくりと炒める（a）。長ねぎのほんのり甘い香りと香ばしさがおいしさを作る。

3 中華麺をほぐしながら加え、すぐに黒酢を加え（b）、ふたをして2分ほど蒸し焼きにする（c）。黒酢にはさっぱりと仕上げる効果だけでなく、まろやかにする効果やうまみ効果もある。ふたをして火を通すことで麺にふっくらと火が通り、長ねぎの香りも移る。

4 しょうゆを加えてなじませるようにして炒めて香ばしさを出し、こしょうで味を調える。黒酢としょうゆで味つけすると飽きのこない味になる。

材料（作りやすい分量）
粉唐辛子（粗びき）……大さじ5
水……大さじ2
ごま油……大さじ5

column

ラー油を作る

ラー油は唐辛子の香りをごま油に移した香ばしい油。辛みだけでなく独特の風味が出るので、焼き餃子のほか、汁麺や炒飯などにちょっと加えるだけでパンチのある味わいになります。まとめて作って瓶に入れておくと便利。常温で2週間ほど保存できます。

1 粉唐辛子は分量の水を加えてよく混ぜ（a）、粉唐辛子に水を吸収させる。

2 炒め鍋にごま油を入れ、**1**を加え（b）、混ぜ合わせる。

3 **2**を弱火にかけ、水分を蒸発させながら炒め（c）、色、香りともに出てきたら火を止める。

4 すぐに火からおろし、耐熱瓶に移す。油の温度はすぐには下がらないので、すぐに保存瓶に移して焦げないようにする。

a

b

c

ラー油で楽しむ

焼き餃子

餃子の皮に薄く焼き色がついたら差し水をしてふたをし、水が完全になくなってパリッと香ばしくなるまで焼きます。

材料（20個分）

あん
- 豚ひき肉……200g
- キャベツ……100g
- しょうが（みじん切り）……1かけ分
- 長ねぎ（みじん切り）……10㎝分
- こしょう……少々
- しょうゆ……大さじ1
- オイスターソース……大さじ½
- ごま油……大さじ½

- 餃子の皮……20枚
- 太白ごま油……大さじ1
- ラー油……適量

1 あんを作る。キャベツはさっとゆでてみじん切りにし、水気をしっかりと絞る。ボウルにひき肉を入れ、しょうが、長ねぎ、こしょう、しょうゆ、オイスターソース、ごま油の順に加えてその都度混ぜ、キャベツを入れてよく混ぜる。

2 餃子の皮にあんを適量のせ、皮の縁に水適量をつけて二つ折りにして真ん中を留め、真ん中に向かってひだを寄せながら包む。

3 フライパンに太白ごま油をひいて**2**を並べ入れ、強火にかける。餃子の皮に薄く焼き色がついたら（a）、フライパンの縁から水½カップを加えてすぐにふたをし（b）、中火で、水が完全になくなってパリッとおいしそうな焼き色がつくまで5～6分焼く。

4 上下を返して器に盛り、ラー油を添える。

a

b

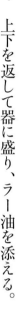

市瀬悦子さんに教わる揚げもの

揚げものは好きだけれど、家でやるのは面倒という人は多いと思います。私は揚げものがとにかく大好きなので、自宅でもよく作りますが、揚げたてはこの上ないおいしさ。ちょっとしたコツさえつかめば、こんなに手軽で簡単な料理はないと思うので、もっと気軽に作って楽しんでもらいたい。揚げもの上手になれたら、料理の幅も広がります。

目指すのはサクッ、カリッとした衣の食感。そのためには油を揚げ鍋の最低3〜4cm深さまで入れて揚げましょう。油の量が少ないと温度が下がりやすく、ベチャッとしたり中まで火が入らなかったりと失敗しがち。また、一度にたくさん揚げると油の温度が下がってしまうので、量が多いときは二度に分けて揚げるか温度の調節をするようにします。そして油の中に入れたらすぐに触らず、衣がかたまるまで待ち、それから返します。空気に触れさせながら揚げるとカリッとした仕上がりに。

揚げ鍋は深めのものだと油がはねず、厚手のものだと温度が保たれるので失敗しません。かき揚げは浅くて口径が広いほうが作りやすいので、直径26cmのフライパンを使っています。油は酸化しにくく軽い食感に仕上がる米油がおすすめです。

いちせ・えつこ●大学卒業後、食品メーカー勤務の後、料理研究家のアシスタントを経て独立。「おいしくて、作りやすい家庭料理」をテーマに活動中。身近な素材にちょっとした工夫を加えたレシピは幅広い層に人気。

揚げものが得意になるための「3つのコツ」

1 揚げ始めの温度を見極める

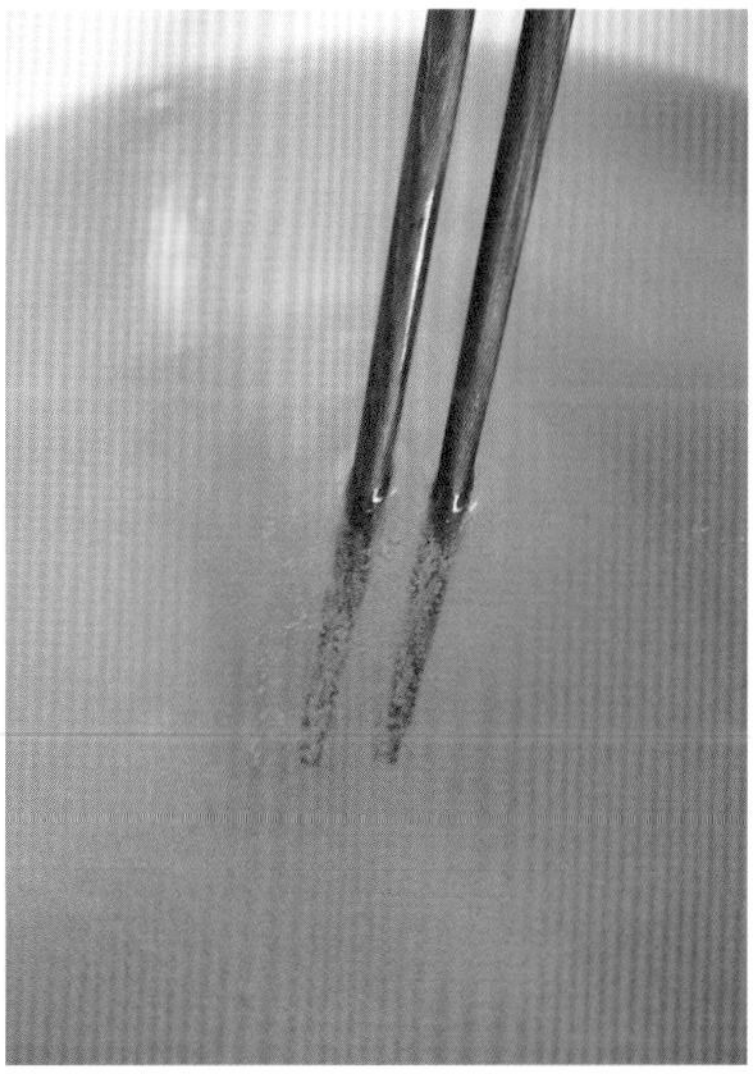

菜箸を使って温度チェック。乾いた菜箸を油に入れたとき、しばらくしてゆっくりと泡が出てきたら低温(約160℃)。すぐに細かい泡が上がってきたら中温(約170℃)、細かい泡が勢いよくたくさん出てきたら高温(約180℃)。揚げもの用温度計で確認してもよい。

2 揚げ色と揚げ時間の両方を見る

温度を見極めるのは難しいので、揚げ時間と揚げ色を両方見て判断します。揚げ時間が近づいても色がついていない場合は、温度が低い証拠なので、火を強めます。逆も同じです。油の泡の様子も重要で、揚げ始めの大きな泡が徐々に小さくなり、細かい泡になったら上げどき。

3 空気に触れさせてカリッとさせる

たとえばから揚げ。油に入れて衣がかたまってきたら、鶏肉を箸や網じゃくしで持ち上げて鍋から出し、1~2秒空気に触れさせて、再び油の中に戻します。空気に触れさせることで水分が飛んでカリッとします。二度揚げも同様の効果があり、中までしっかり火を通すことができます。

鶏のから揚げ

片栗粉と小麦粉を混ぜた衣を
ひと切れずつしっかりまぶすと
ボリュームが出て、
サクッと揚がります。
油に入れたら衣がかたまるまで
しばらく触らないのがポイント。

材料（2人分）

鶏もも肉……大1枚（300g）

鶏肉の下味

しょうゆ……大さじ1
酒……大さじ1/2
しょうがの絞り汁……大さじ1/2
にんにく（すりおろす）……1/2かけ分
塩……ひとつまみ

衣

片栗粉……大さじ4
薄力粉……大さじ2

揚げ油……適量
レモン（くし形切り）……適量

1 鶏肉は余分な脂肪を取り除いて大きめのひと口大に切る。

2 ボウルに下味の材料を入れて混ぜ合わせ、鶏肉を加えてよくもみ込み（a）、室温に20分ほどおく。手でしっかりともみ込み、20分おくことで中まで味がしみ込み、冷めてもおいしい。

3 バットに片栗粉、薄力粉を入れて混ぜる。片栗粉はサクサクに、薄力粉はカリッと揚がるので、両方使うとよい。

4 鶏肉の皮をのばして1切れずつ**3**に入れ、衣をしっかりとまぶす（b）。鶏肉の汁気はきらず、粉に水分を吸わせるとボリュームが出る。さらっとまぶすだけではなく、押さえるようにして全体にしっかりつける。

5 揚げ鍋に揚げ油を3〜4cm深さまで入れて中温（170℃）に熱し、鶏肉の皮面を下にして入れる。皮を下にして入れることでパリッと揚がる。

6 すぐに触らず、衣がかたまったら返す。ときどき返しながら3分、強火にして1〜2分揚げる。強火にしたら網じゃくしで持ち上げ、空気に触れさせるようにして揚げると水分が蒸発してカリッとする。揚げバットにのせて油をきる。

7 器に盛り、レモンを添える。

とんカツ

豚肉に生パン粉を
たっぷりとかぶせ、
手でギュッと
押さえつけると
衣がサクサクに。
揚げ油に入れたら
衣が落ち着くまで
いじらずにおくと、
パン粉が立ちます。

材料（2人分）

豚ロース肉（とんカツ用）……2枚
塩……小さじ1/4
こしょう……少々
衣
　薄力粉、溶き卵、生パン粉……各適量
揚げ油……適量
キャベツ（せん切り）……適量
ポテトサラダ＊……適量
好みのソース、練り辛子……各適量

＊ポテトサラダ……じゃがいも2個を101頁の作り方**2**～**3**を参照して粉吹きにする。熱いうちに粗くつぶし、塩小さじ1/4、酢、オリーブオイル各小さじ1、こしょう少々を混ぜ合わせて加え、下味をつける。きゅうり1/8の薄切り1/2本分と玉ねぎの薄切り1/8個分を塩もみし、マヨネーズ大さじ3とともにじゃがいもに加えてあえる。

1　豚肉は脂身と赤身の間に包丁を入れて筋切りをし、塩、こしょうをふる。筋切りをしておくと揚げても肉が反らない。下味の塩、こしょうが肉のおいしさを引き出す。

2　**1**に薄力粉、溶き卵、パン粉の順に衣をつける（**a**）。薄力粉はたっぷりとまんべんなくまぶして、しっかりはたき落とす。パン粉はたっぷりかぶせ、手でギュッと押さえる。上から押さえるだけでなく、肉の側面にもつける。

3　揚げ鍋に揚げ油を3～4cm深さまで入れて中温（170℃）に熱し、**2**を盛りつけるときに表面になるほうを上にして入れる。表になる面を上にして入れることで、パン粉が立つ。泡がたくさん出ているうちはいじらず、衣がかたまるのを待つ（**b**）。

4　衣がかたまって泡がはじめより落ち着いてきたら、ひっくり返す（**c**）。途中もう一度返し、4～5分揚げる。揚げバットの縁に立てかけるようにして油をきる。

5　食べやすい大きさに切って器に盛り、キャベツ、ポテトサラダ、練り辛子を添え、ソースをかける。

a

b

c

ポテトコロッケ

ポテトコロッケの
おいしさはじゃがいもの
ホクホク感にあり。
水分をしっかりと
飛ばして粉吹きにし、
炒めたひき肉と
玉ねぎを混ぜます。

材料（6個分）

じゃがいも……3個（450g）
合いびき肉……120g
玉ねぎ……1/4個
サラダ油……大さじ1/2
ひき肉用
- しょうゆ……大さじ1
- 砂糖……大さじ1
- 塩……小さじ1/3
- こしょう……少々

衣
- 薄力粉、溶き卵、生パン粉……各適量

揚げ油……適量

1　玉ねぎはみじん切りにする。フライパンにサラダ油を入れて中火で熱し、玉ねぎを炒め、しんなりとして薄い茶色になったら合いびき肉を加えて炒め合わせる。ひき肉用の調味料を加え、汁気がなくなるまで炒める。ボウルなどに取り出しておく。

2　じゃがいもは皮をむいて1cm厚さの半月切りにし、さっと水にさらして水気をきる。ひたひたの水とともに鍋に入れて中火にかけ、沸騰したら弱めの中火にして竹串がスーッと通るまでゆでる。

3　いったんザルに上げて湯をきり、鍋に戻し入れて中火にかけ、鍋を揺すりながら水分を飛ばし、粉吹きにする（a）。水分が多いと揚げている途中で破裂しやすいので、水分をしっかりと飛ばす。水分を飛ばすことでホクホクになる。

4　**3**を粗くつぶし、**1**を加えて混ぜ合わせる。バットに移してならし、6等分になるように線をつけ、落としラップをして冷ます。

5　**4**を1/6量ずつ小判形にまとめ、薄力粉、溶き卵、パン粉の順に衣をつける。薄力粉は全体にまぶしてはたき落とし、卵はムラなくからめ、パン粉はたっぷりとかぶせて手でギュッと押さえてつける。形作るときに割れてしまう場合は、適宜牛乳を加えて調整する。

6　揚げ鍋に揚げ油を3〜4cm深さまで入れて中温（170℃）に熱し、**5**を油の中でぎっしりにならないように3個ずつ入れる。パン粉がかたまったら、二度ほど返しながら4〜5分揚げる。揚げバットの縁に立てかけるようにして油をきる（b）。バットの網に接している面が小さいほどべたつきにくい。

a

b

かにクリームコロッケ

タネをしっかり
冷やしかためてから
まとめると、
手につかず
成形しやすくなります。
衣は二度づけにし、
短時間で揚げると
破裂しにくく、
上手に揚がります。

材料（8個分）

かにの身（ほぐしたもの）……120g
玉ねぎ……1/2個
サラダ油……小さじ1
白ワイン……大さじ1
バター……20g
薄力粉……大さじ3
牛乳……1 1/4カップ
塩……小さじ1/3
こしょう……少々
ナツメグ……少々
衣
- 薄力粉……適量
- 溶き卵……2個分
- パン粉（ドライ。目が細かいもの*）……適量

揚げ油……適量
トマトソース**……適量
イタリアンパセリ……少々

*パン粉（ドライ。目が細かいもの）……通常のパン粉を手でこする、またはフードプロセッサーで細かくする。

**トマトソース……鍋にトマトジュース（無塩）3/4カップ、水1/4カップ、塩小さじ1/3、バター20gを入れて混ぜながら中火にかけ、煮立ったら弱めの中火でゆるいとろみがつくまで煮詰める。

1 玉ねぎは横半分に切ってから縦薄切りにする。フライパンにサラダ油を入れて中火で熱し、玉ねぎを入れてしんなりとするまで炒め、白ワインをふってアルコール分を飛ばす。バター、薄力粉を加え、弱めの中火でよく炒める。薄力粉をよく炒めると口当たりがよくなる。

2 牛乳、塩、こしょう、ナツメグを加え、かたまりがなくなるまでよく混ぜる。中火にし、フライパンの底に木べらの跡がしっかりと残るくらいのとろみがつくまで混ぜながら煮る。かにを加えてひと煮する。成形しやすいように少しかために仕上げる。

3 バットに移してならし、8等分になるように線をつけ、落としラップをして冷ます（a）。冷蔵庫に1〜2時間入れて冷やしかためる。これで成形しやすくなる。

4 バットに薄力粉を広げて入れ、**3**を1/8量ずつスプーンですくって入れ、ざっとまぶして俵形にまとめる。溶き卵、パン粉の順に衣をつけ、さらに溶き卵（b）、パン粉の順につける。二度づけすることで破裂しにくくなり、ほどよくボリュームも出る。

5 揚げ鍋に揚げ油を3〜4cm深さまで入れて高温（180℃）に熱し、**4**を2個ずつ入れ、パン粉がかたまったら、ときどき返しながら1分30秒ほど揚げる。高温の油で短めに揚げて破裂を防止。揚げバットにのせて油をきる。

6 器にトマトソースをひいて**5**を2個ずつ盛り、イタリアンパセリを添える。

a

b

メンチカツ

ひき肉ダネをしっかりと
練り混ぜると
口当たりがよくなり、
ジューシーな仕上がりに。
バッター液にくぐらすと、
肉汁が流れ出るのを防げます。

材料（2人分）

合いびき肉……200g
玉ねぎ……1/2個
パン粉……1/2カップ
牛乳……大さじ1
塩……小さじ1/3
溶き卵……1/2個分
こしょう……少々
ナツメグ……少々

衣
- 薄力粉……適量
- バッター液
  - 溶き卵……1/2個分
  - 薄力粉……大さじ2
  - 水……大さじ1
- 生パン粉……適量

揚げ油……適量
水菜（ざく切り）……適量
好みのソース、練り辛子……各適量

1 玉ねぎは粗みじん切りにする。パン粉は牛乳を回しかけておく。

2 ボウルに合いびき肉と塩を入れ、粘りが出るまで練り混ぜ（a）、溶き卵、こしょう、ナツメグ、**1**のパン粉を加えてさらに粘りが出るまで混ぜ、玉ねぎを加えて混ぜる。先に塩を入れて練ることで粘りが出やすくなる。これでふっくらジューシーな食感になる。

3 **2**を4等分にし、両手のひらでキャッチボールをするようにして空気を抜き、平たい丸形に整える（b）。空気を抜くと生地が割れにくくなる。

4 バッター液の材料を混ぜ合わせる。メンチカツは肉汁が出やすいのでしっかりと厚みの出るバッター液をからめて衣にする。

5 **3**に薄力粉、バッター液、パン粉の順に衣をつける。ひき肉ダネがやわらかいので、バッター液をからめたり取り出したりする際はフライ返しなどを使うとよい。

6 揚げ鍋に揚げ油を3〜4cm深さまで入れて低温（160℃）に熱し、**5**を入れる。パン粉がかたまったら、二〜三度返しながら7分ほどかけて揚げる。揚げバットの縁に立てかけるようにして油をきる。

7 器に盛り、水菜と練り辛子を添え、ソースをかける。

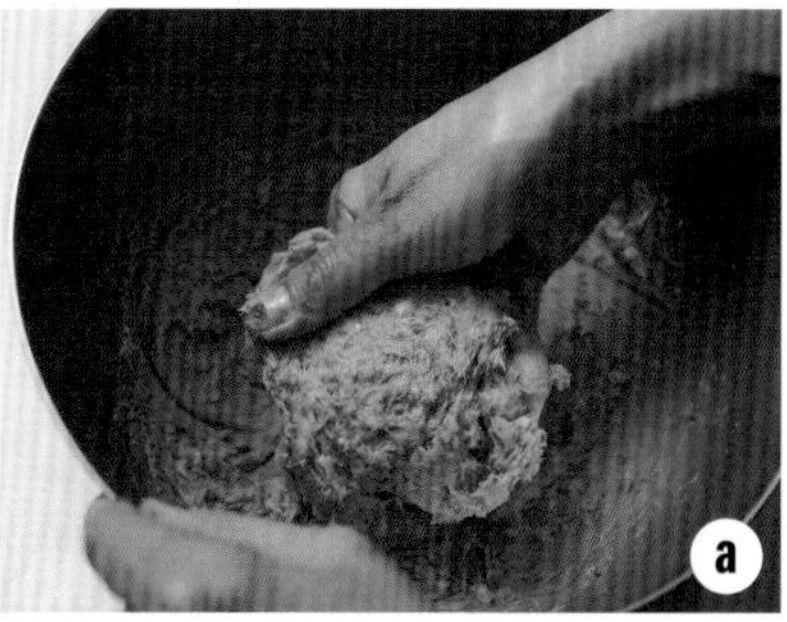

チキン南蛮

鶏むね肉を
溶き卵にくぐらせて
揚げることで
ふんわりやさしい
食べ心地に。
揚げたらすぐに
たれをからめると
味がなじんで
おいしくなります。

材料（2人分）

鶏むね肉（皮なし）……小2枚
塩……小さじ1/4
こしょう……少々
薄力粉……適量
揚げ油……適量
溶き卵……1個分

たれ
しょうゆ……大さじ1 1/2
酢……大さじ1 1/2
砂糖……大さじ2

タルタルソース
ゆで卵……1個
玉ねぎ（みじん切り）……1/8個分
マヨネーズ……大さじ3
レモンの搾り汁……小さじ1/2
塩、こしょう……各少々

リーフレタス……適量

1 たれの材料はバットに入れてよく混ぜ、砂糖を溶かす。

2 タルタルソースを作る。ゆで卵を粗みじん切りにしてボウルに入れ、残りの材料を加えて混ぜる。

3 鶏肉は真ん中に縦に1本切り込みを入れ、肉の厚みが半分になるように左右に切り込みを入れて開いて観音開きにし（a）、塩、こしょうをふる。厚みを均一にすることで火の通りが早くなり、火の入り方も均一になる。

4 **3**の鶏肉に薄力粉を薄くまぶす。薄力粉をまぶすことで溶き卵がしっかりとからまる。

5 揚げ鍋に揚げ油を3〜4cm深さまで入れて中温（170℃）に熱し、**4**の鶏肉1枚を溶き卵にくぐらせて（b）、揚げ油に入れる。溶き卵をたっぷりとからめるとふんわりした食感になる。

6 ときどき返しながら4分、強火にして1〜2分揚げ、揚げバットの縁に立てかけるようにして油をきる。熱いうちに**1**のバットに入れてたれをからめる。もう1枚も同様にして揚げる。

7 食べやすい幅に切って器に盛り、食べやすい大きさに切ったリーフレタスを添え、タルタルソースをのせる。バットに残ったたれを適量かける。

a

b

肉団子の甘酢あん

ひき肉に酒や水、
ごま油を入れて
よく練り混ぜると、
揚げてもかたくならず、
ふんわり。
素揚げにしただけでも
十分おいしい
揚げ団子を目指します。

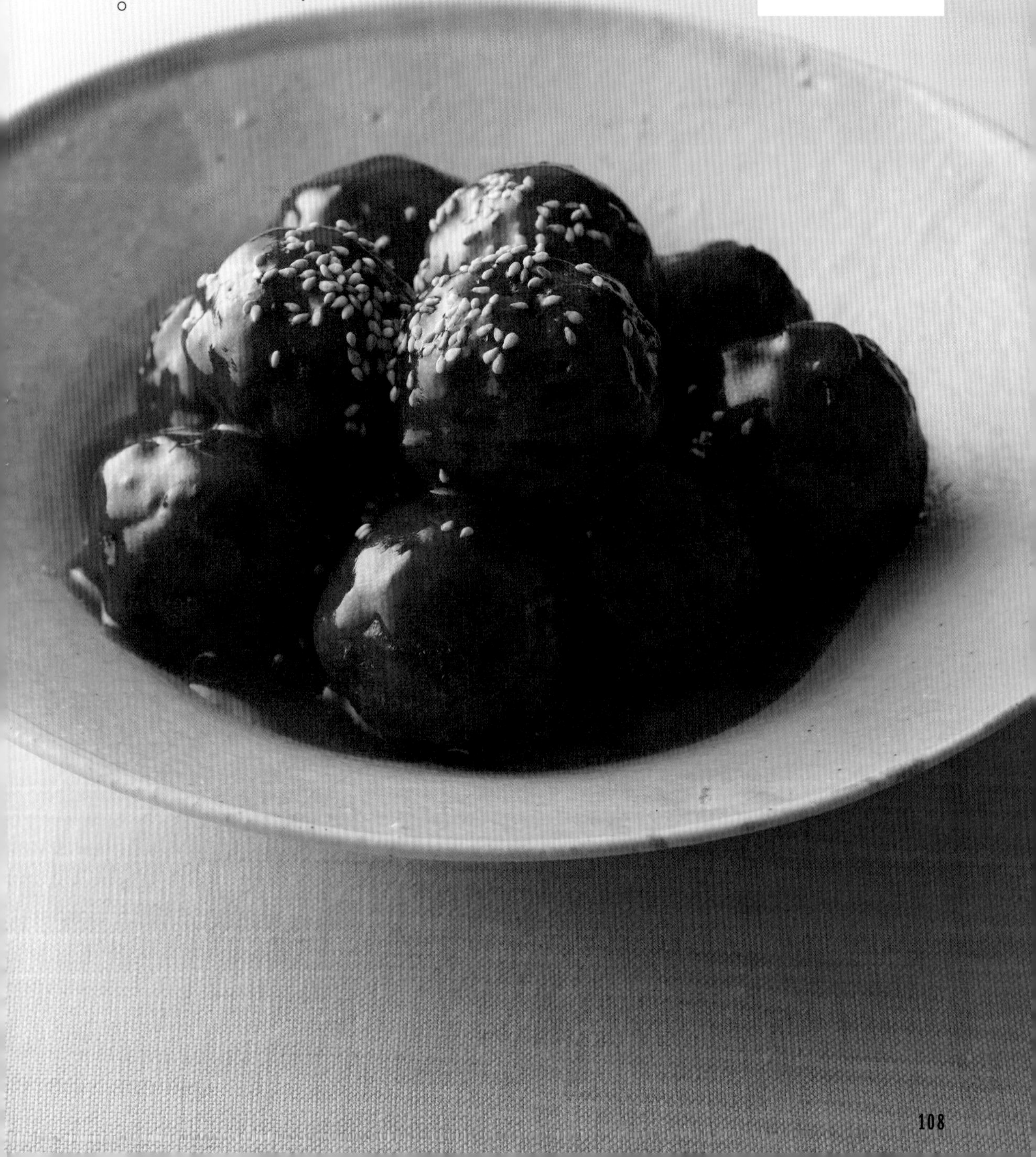

材料（2人分）

豚ひき肉……250g
塩……小さじ1/3
長ねぎ……小1本
酒……大さじ1
水……大さじ1
溶き卵……1個分
片栗粉……大さじ2
ごま油……小さじ1
揚げ油……適量

甘酢あん
水……3/4カップ
トマトケチャップ……大さじ2 1/2
砂糖……大さじ1 1/2
しょうゆ……大さじ1/2
酢……大さじ1/2

水溶き片栗粉
片栗粉……小さじ1
水……小さじ2

ごま油……少々
白炒りごま……適量

1 長ねぎはみじん切りにする。

2 ボウルに豚ひき肉と塩を入れ、粘りが出るまで練り混ぜる。先に塩を入れて練ることで粘りが出やすくなる。

3 **2**に長ねぎ、酒、水、溶き卵、片栗粉、ごま油を加え（a）、さらに粘りが出るまで練り混ぜる。酒、水、片栗粉、ごま油で肉のパサつきを防ぐことができ、中はしっとりと仕上がる。

4 12等分にし、空気を抜いて丸める。

5 揚げ鍋に揚げ油を3～4㎝深さまで入れて低温（160℃）に熱し、**4**の肉団子を入れ、網じゃくしなどで転がしながら5分ほど揚げる（b）。転がすことで均一に火が通り、揚げ色もムラにならない。アクやカスが浮いてきたら取り除く。揚げバットにのせて油をきる。

6 フライパンに水溶き片栗粉以外の甘酢あんの材料を入れて中火にかけ、煮立ったら水溶き片栗粉を加えてとろみをつける。肉団子を入れ（c）、ごま油を加え、さっとからめる。肉団子にはすでに火が通っているので、煮る必要はない。

7 器に盛り、ごまをふる。

a

b

c

五目春巻き

あんはかためのとろみをつけて
冷ますと包みやすく、
包むときは真ん中より少し手前に置くと
きっちりと巻くことができます。

材料（2人分）

春巻きの皮……6枚
豚こま切れ肉……80g
豚肉の下味
酒……小さじ½
片栗粉……小さじ½
サラダ油……小さじ½
塩……少々
しいたけ……2枚
ゆでたけのこ……20g
長ねぎ……¼本
もやし……100g
合わせ調味料
しょうゆ……小さじ1
オイスターソース……小さじ1
砂糖……小さじ1
酒、水……各大さじ2
サラダ油……大さじ1
水溶き片栗粉
片栗粉……小さじ½
水……小さじ1
水溶き小麦粉
薄力粉、水……各小さじ2
揚げ油……適量
酢、しょうゆ、練り辛子……各適量

1 豚肉は小さく刻み、下味の材料をもみ込む。豚肉に下味をつけておくと口当たりがよくなる。しいたけは石づきを取って薄切りにし、たけのこは細切りにする。長ねぎは縦半分に切って斜め薄切りにする。

2 合わせ調味料の材料は混ぜ合わせる。

3 フライパンにサラダ油を入れて中火で熱し、豚肉を入れて炒め、しいたけ、たけのこ、長ねぎ、もやしを加え、しんなりとするまでさらに炒める。**2**を加えて全体になじませ、水溶き片栗粉を回し入れてかためのとろみをつける（a）。かためのあんにしておくと包みやすい。

4 バットにあけ、落としラップをして冷ます。冷ますと包みやすく、破裂防止にもなる。

5 春巻きの皮を角が手前にくるように置き、**4**の⅙量を中央よりやや手前にのせる（b）。手前からひと巻きし、両端を内側に折りたたみ、さらにひと巻きしたら、上側の2辺に水溶き小麦粉（皮が丸い場合は上側半分）を塗る。軽く巻き、しっかりと留める。残りも同様にする。折りたたむ左右は焦げやすいので、端まであんがなくてよい。

6 揚げ鍋に揚げ油を3〜4㎝深さまで入れて低温（160℃）に熱し、**5**の春巻きを入れる。ときどき返しながら3分、強火にしてきつね色になるまで3〜4分揚げる。揚げバットの縁に立てかけるようにして油をきる。好みで酢、しょうゆ、練り辛子を添える。

a

b

天ぷら

衣は粘りを出さないために
冷水を使い、
ダマが残るくらいに軽く混ぜて
グルテンが出ないようにすると
カラリと揚がります。

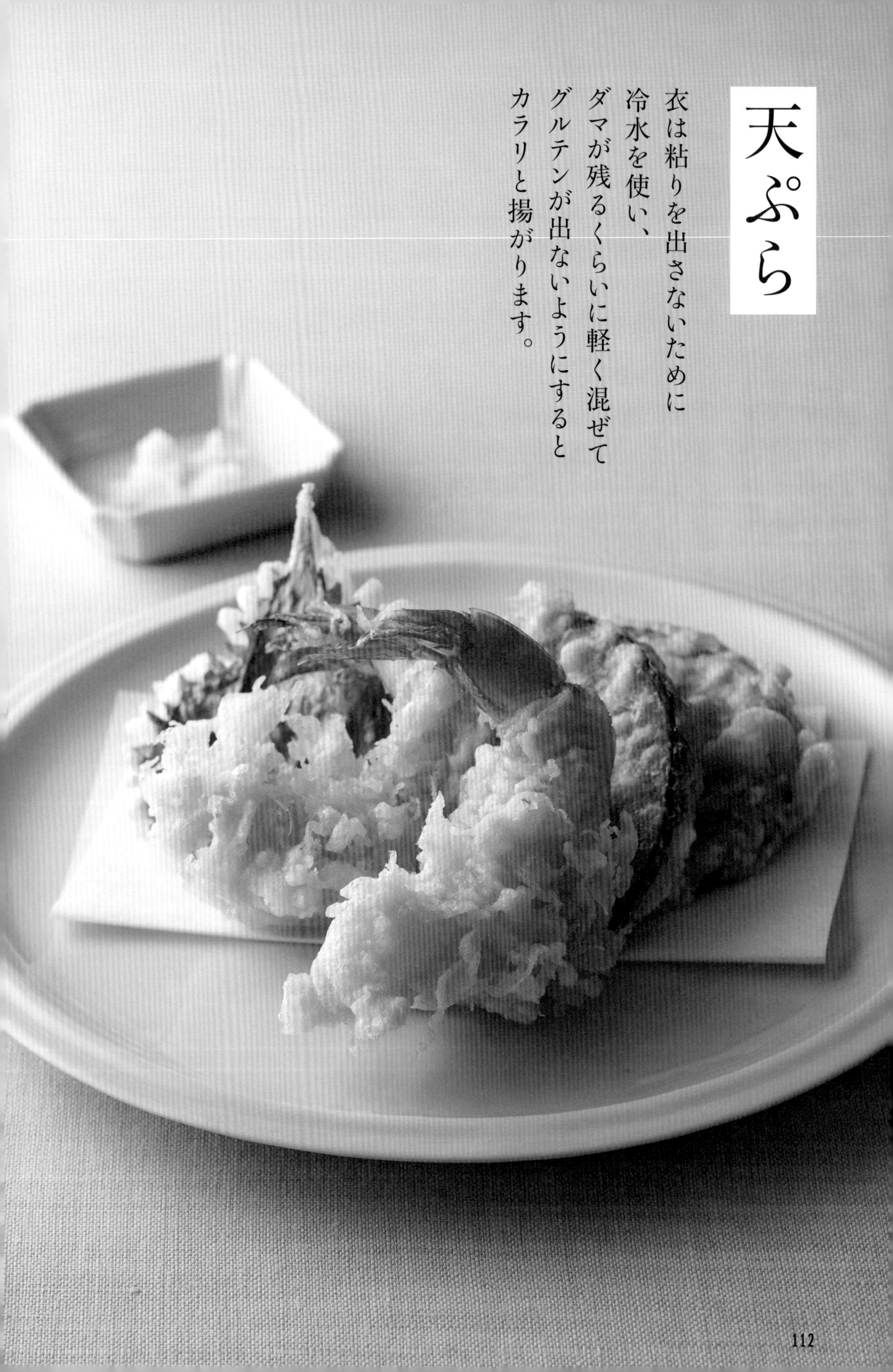

材料（2人分）

えび（無頭。殻つき）……4尾
かぼちゃ……正味150g
青じそ……2枚
薄力粉……適量
衣
溶き卵……1/2個分
冷水……適量
薄力粉……1/2カップ
揚げ油……適量
冷水……小さじ1
塩……適量

1 えびは尾と尾側の一節を残して殻をむき、背に浅い切り込みを入れて背ワタを取る。尾先を少し斜めに切って水をしごき出し、油はねを防ぐ。片栗粉、水各適量（材料外）をもみ込んで洗い、水気を拭く。腹側に3〜4か所切り込みを入れ（a）、背側に曲げてまっすぐにのばす。これでくるっと丸まらず、自然と曲がる程度になる。

2 かぼちゃは1.5cm厚さのくし形切りにする。

3 えびは尾を避けて薄力粉を薄くまぶす。かぼちゃは全体にまぶし、青じそは裏面にだけまぶす。

4 衣を作る。計量カップに溶き卵を入れ、1/2カップの目盛りまで冷水を加えて混ぜる。ボウルに移し、薄力粉を入れ、菜箸でさっくりと、ダマが残る程度に混ぜる（b）。こねると粘りが出てカラリと揚がらない。また、時間がたつと粘りが出るので揚げる直前に混ぜる。

5 揚げ鍋に揚げ油を3〜4cm深さまで入れて高温（180℃）に熱し、かぼちゃに衣をからめて入れ、衣がかたまったら返しながら3分ほど揚げる。続いて青じその裏側に衣をつけ、衣の面を下にして入れてさっと揚げる。それぞれ揚げバットにのせて油をきる。

6 えびは尾を避けて衣をからめ、揚げ油の中に入れる。ボウルに残った衣に冷水を加えて少し濃度をゆるめ、スプーンでえびにかけ、花を咲かせる（c）。衣がかたまったら返しながら2〜3分揚げ、揚げバットの縁に立てかけるようにして油をきる。器に盛り合わせ、塩を添える。

a

b

c

野菜のかき揚げ

野菜は単品でも数種類組み合わせてもＯＫ。
材料に小麦粉をまぶしておくと
衣がつきやすく、きれいにまとまります。
木べらにのせて油の中にすべらせると
団子状にならず、カリッと仕上がります。

材料（2人分）

玉ねぎ……1/2個
にんじん……1/6本
三つ葉……1株
薄力粉……小さじ1
衣
- 溶き卵……1/2個分
- 冷水……適量
- 薄力粉……1/2カップ

揚げ油……適量
天つゆ*……適量
大根おろし……適量

*天つゆ……だし汁大さじ5、しょうゆ大さじ1、みりん大さじ1/2を鍋に入れ、弱火で温める。

1　玉ねぎは縦5㎜幅の薄切りにし、にんじんは皮をむいて5cm長さ、3㎜太さの細切りにする。三つ葉は葉を摘み、茎は3cm長さに切る。

2　ボウルに**1**を入れ、薄力粉をふってざっとまぶす（**a**）。これで衣がからみやすく、バラバラになりにくい。ふりすぎるとぼってりするので注意。

3　衣を作る。計量カップに溶き卵を入れ、1/2カップの目盛りまで冷水を加えて混ぜる。ボウルに移し、薄力粉を入れ、菜箸でさっくりと、ダマが残る程度に混ぜる（113頁の**b**参照）。

4　フライパンに揚げ油を2cm深さまで入れて中温（170℃）に熱し、**3**の1/4量を木べらにのせ、すべらせるようにして入れ（**b**）、フライパンの端に押しつけるようにして形を整える。木べらを使うと団子状になりにくい。形がくずれたり材料が散ってしまったりした場合は、衣がかたまる前に整えるとよい。

5　衣がかたまってきたら返し、菜箸で数か所刺して穴をあけ（**c**）、油の通りをよくする。これで中までしっかり火が通る。二〜三度返しながら4〜5分揚げ、揚げバットの縁に立てかけるようにして油をきる。

6　天つゆ、軽く汁気をきった大根おろしを添える。

a

b

c

さばの竜田揚げ

さばはそぎ切りにすると
味がしみやすく、
火が早く通ります。
片栗粉をしっかりと
まぶしつけて
衣に白い花を咲かせます。

材料（2人分）

さば……半身（200g）
さばの下味
しょうゆ……大さじ1
酒……大さじ½
しょうがの絞り汁……大さじ½
塩……ひとつまみ
片栗粉……適量
揚げ油……適量
すだち……適量

1　さばは骨を抜き、2cm幅のそぎ切りにする。バットに下味の材料を入れて混ぜ、さばを入れてからめ、10分ほどおく（a）。さばはそぎ切りにすると味がしみやすく、火の通りもよくなるが、長くつけると味が濃くなるので注意する。

2　ペーパータオルで1の汁気を取り、片栗粉を全体にまぶし、しっかりと押さえる（b）。これで竜田揚げならではの白い花が咲く。

3　揚げ鍋に揚げ油を2cm深さまで入れて高温（180℃）に熱し、2を入れる。衣がかたまってきたら、ときどき返しながら3分ほど揚げ、揚げバットの縁に立てかけるようにして油をきる。すだちを半分に切って添える。

a

b

白身魚とアスパラガスのフリット

小麦粉に片栗粉を加え、水の代わりに炭酸水を用いて炭酸の力でふくらませることで、サクッと軽やかな衣に。

材料（2人分）

生たら……2切れ
グリーンアスパラガス……3本
塩……適量
こしょう……少々
薄力粉……適量
衣
薄力粉……大さじ5
片栗粉……小さじ1
炭酸水……大さじ5（75ml）
サラダ油……小さじ1
揚げ油……適量
ライム（くし形切り）……適量

1 たらはひと口大のそぎ切りにし、塩小さじ$1/4$をふって5分ほどおき、ペーパータオルで水気を拭いてこしょうをふる。アスパラガスは根元のかたい部分の皮をピーラーでむき、6cm長さに切る。それぞれ薄力粉を薄くまぶす。

2 衣を作る。ボウルに薄力粉、片栗粉、炭酸水、サラダ油の順に入れて混ぜる（a）。片栗粉でさっくり度が増し、炭酸水で衣がふくらむ。時間がたつと炭酸の力が弱くなるので、揚げる直前に混ぜる。

3 揚げ鍋に揚げ油を3〜4cm深さまで入れて高温（180℃）に熱し、アスパラガス、たらの順で衣にくぐらせて入れる。衣がかたまってきたら、ときどき返しながら、アスパラガスは3分、たらは4分揚げ、揚げバットの上で油をきる。塩、ライムを添える。

a

ポテトフライ

常温の油の中にじゃがいもを入れてから
中火にかけ、徐々に温度を上げながら
じっくりと火を通すのがポイント。
中はホクホク、外側はカラリとします。

オニオンリングフライ

水溶き小麦粉をからめてから
パン粉をまぶすと
玉ねぎの水分とうまみが
閉じ込められ、
カリッとおいしく揚がります。

ポテトフライ

材料（2人分）

じゃがいも……3個
揚げ油……適量
塩……小さじ$\frac{1}{4}$

1 じゃがいもは皮つきのままよく洗い、2cm幅のくし形に切る。皮が気になる場合はむく。2〜3回水を替えながら、15分以上、できれば1時間ほど水にさらし（a）、ペーパータオルで水気をよく拭く。水にさらすとデンプン質が落ちてカリッと揚がる。

2 揚げ鍋に揚げ油を3〜4cm深さまで入れ、じゃがいもを入れ（b）、中火にかける。常温の油からじっくり揚げることで水分を少しずつ出し、カリッとさせる。フツフツと泡が出てきたら、ときどき返しながらじゃがいもが浮いてくるまで8分ほど揚げる。強火にし、網じゃくしで持ち上げ、空気に触れさせるようにしてさらに4〜5分揚げる。揚げバットの上で油をきり、塩をふる。

a

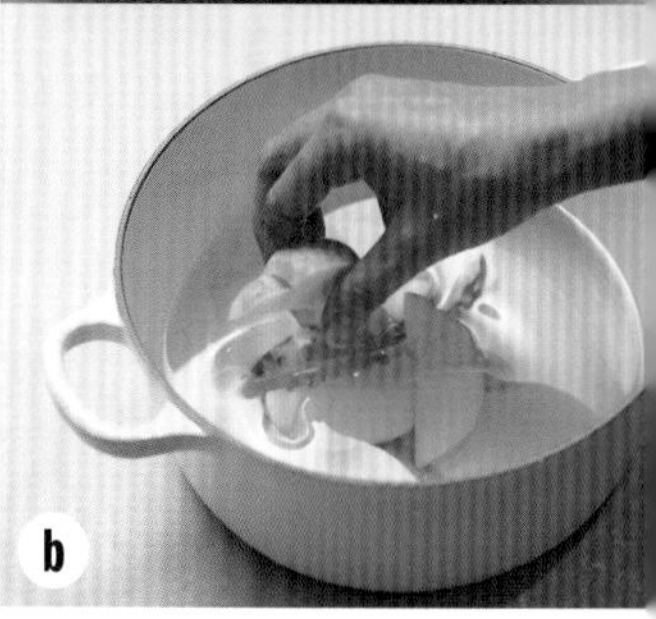
b

オニオンリングフライ

材料（2人分）

玉ねぎ……大1個
衣
- 薄力粉……適量
- バッター液
  - 薄力粉……$\frac{1}{2}$カップ
  - 水……$\frac{1}{3}$カップ
- パン粉（ドライ）……適量

揚げ油……適量
トマトケチャップ、フレンチマスタード……各適量

1 玉ねぎは横1cm厚さの輪切りにし、1〜2枚ずつのリング状に分け、中心部分は丸いまま残しておく。

2 バッター液の材料を混ぜ合わせる。

3 **1**に薄力粉、バッター液、パン粉の順に衣をつける（a）。玉ねぎは水分があるのでしっかりと厚みの出るバッター液をからめて衣にすると水分が閉じ込められる。

4 揚げ鍋に揚げ油を3〜4cm深さまで入れて高温（180℃）に熱し、**3**を半量ずつ入れ、ときどき返しながら3分ほど揚げる。揚げバットにのせて油をきる。トマトケチャップ、マスタードを添える。

a

揚げて漬ける

あじの南蛮漬け

「揚げてから漬ける」料理はコクがあって時間がたってもおいしいのが魅力。揚げて熱々のうちに南蛮だれに漬け込むと、味がよくしみ込みます。

材料（2人分）

あじ（三枚におろしたもの）……3尾分
玉ねぎ……½個
ピーマン……1個
南蛮だれ
- 赤唐辛子（小口切り）……1本分
- 水……大さじ3
- しょうゆ……大さじ2
- 酢……大さじ2
- 砂糖……大さじ1

片栗粉……適量
揚げ油……適量

1 あじは小骨を抜き、長さを半分に切る。玉ねぎは縦薄切りにし、ピーマンはヘタと種を取って縦にせん切りにする。

2 バットに南蛮だれの材料を入れて砂糖が溶けるまで混ぜ、玉ねぎ、ピーマンを加えて混ぜる。

3 揚げ鍋に揚げ油を2cm深さまで入れて高温（180℃）に熱し、あじに片栗粉を薄くまぶして入れる。ときどき返しながらカリッとするまで3分ほど揚げ、揚げバットの上で油をきる。

4 あじが熱いうちに**2**に加えてあえ（**a**）、味をなじませる。冷めると味がしみ込みにくいので、熱いうちがベスト。

揚げて漬ける

なすの揚げびたし

なすは切り込みを入れてじっくり揚げると味がよくしみ込んで、色もきれい。作ってすぐもおいしいですが、夏は冷蔵庫で冷やしても。

材料(作りやすい分量)

なす……5本

漬け汁

─だし汁……3/4カップ

しょうゆ……大さじ2

─みりん……大さじ3

大根おろし……80g

しょうが(すりおろす)……1/2かけ分

揚げ油……適量

1 なすはヘタを切り落として縦半分に切り、皮に5mm幅で斜めに切り込みを入れる。

2 鍋に漬け汁の材料を入れて中火にかけ、ひと煮立ちしたらバットなどに移す。

3 揚げ鍋に揚げ油を3〜4cm深さまで入れて高温(180℃)に熱し、なすを入れ、2〜3分かけて色よく揚げ、中まで火を通す(a)。しんなりするまで揚げると味のしみ込みがよい。揚げバットの上で油をきる。

4 なすが熱いうちに**2**に加え、味をなじませる。器に盛り、水気をきった大根おろし、しょうがをのせる。

a

サルボ恭子さんに教わる 洋の煮込み

煮込み料理はとってもシンプルな調理法。鍋をコンロにかけてコトコトと煮込むうちに立派なごちそうになります。放っておくだけでおいしさが倍増するので、思いのほか簡単。煮込んでいる間は手があくため、副菜やデザートを仕込んだり、料理以外のことができたりします。煮込み料理は多めに作って、作りおくことができるのがうれしいところ。日常食にもおもてなし料理にもなるため、私自身もよく作ります。

また、ビーフシチューやクリームシチュー、ロールキャベツなど日本で生まれた洋食は、日本にある食材や調味料を使って本物の味に近づけようと考えられた料理。ご飯に合うように作られたため、私を含め多くの日本人の口に合うのがいいですね。

この本で紹介する煮込みのほとんどは、焼いた肉と炒めた野菜で作りますが、それは焼いたり炒めたりすることでうまみがギュッと凝縮され、肉だけでなく野菜のうまみもスープに加わることで味に奥行きが出るから。私はスープの素は一切使わず、「水」がベース。肉にはしっかりと塩味を入れ、十分に焼いて香ばしさを出し、香味野菜で香りを溶け込ませると、スープストックなしでも十分。食後も口の中にくどさが残りません。

さるぼ・きょうこ●料理家の叔母に師事したのち渡仏、2つ星ホテルの厨房に勤務。帰国後、複数の料理家のサポートを経て独立。現在、東京、富山、台湾で料理教室を行う。フレンチの手法を取り入れた家庭料理に定評がある。

洋の煮込みが得意になるための「3つのコツ」

1 かたまり肉は塩をふって味を浸透させる

2 肉は香ばしく焼いてから煮込む

3 香味野菜を炒めてだし代わりに

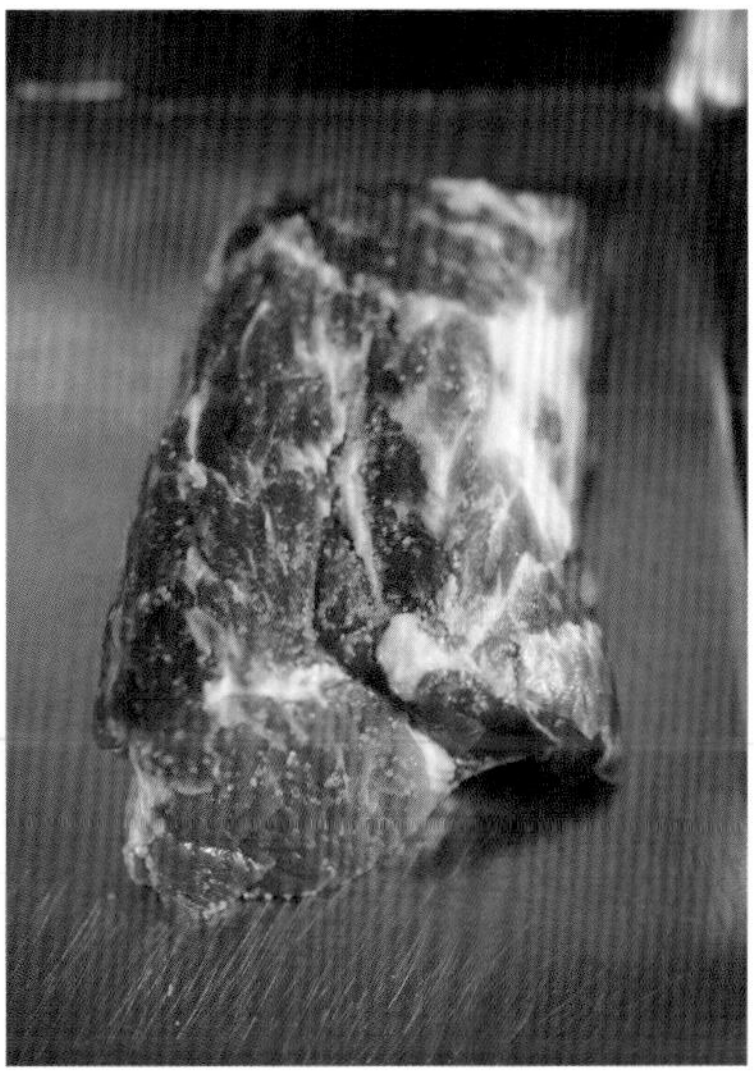

肉はあらかじめ塩をふって浸透させ、余分な水分を出し、塩味をつけます。特にかたまり肉は煮たあとで塩をふっても味が入っていかないので必須。肉に塩味をつけるだけで煮込む工程でうまみが倍増し、仕上がりのおいしさにつながります。牛肉、豚肉、鶏肉すべての肉に共通です。

肉は鍋で表面をしっかりと焼いてコーティングしておくと、そのあと煮込んでもうまみが逃げません。焼いた香ばしさもスープのうまみになります。ミートボールなども転がしながら表面を焼きつけるとよいでしょう。短時間煮る魚介の場合も同様の効果があります。

セロリ、玉ねぎ、にんじん、にんにくなどの香味野菜をしっとりするまで炒めると、形は見えないけれど味や香り、ニュアンスがスープに溶け込み、スープの素がなくてもベースとなる味が調います。香味野菜やハーブを煮込むときに加えるのも効果的。煮込みには必須の食材です。

ビーフシチュー

肉を赤ワインで
マリネすると
香りがついて
やわらかくなり、
そのマリネ液で
煮込むと
肉とスープが
よくなじみます。

材料（3～4人分）

牛バラ肉（かたまり）……1kg

牛肉の下味

塩……10g（肉の重量の1%）
黒粒こしょう（たたく）……小さじ1
にんにく（薄切り）……1かけ分
ローリエ……1枚
赤ワイン（ミディアムボディ）……2カップ

玉ねぎ……1個
セロリ……1本
にんじん……1本
薄力粉……大さじ1½
サラダ油……大さじ1
トマトペースト（ミニパック）……2袋（36g）
デミグラスソース（市販）……1缶（290g）
小玉ねぎ……6個
マッシュルーム……8個
塩、こしょう……各適量

1 牛肉は6cm角に切ってポリ袋に入れ、下味の材料を加えて袋の口を閉じ（**a**）、冷蔵庫に入れて2時間以上（できればひと晩）おく。下味がなじんで肉がおいしくなる。

2 **1**をザルに上げてペーパータオルで肉の汁気を拭き、マリネ液は取っておく。玉ねぎ、セロリ、にんじんはみじん切りにする。

3 牛肉に薄力粉をはたきつける。鍋にサラダ油を入れて中火で熱し、牛肉を入れ、トングで向きを変えながら全面に焼き色をつける（**b**）。薄力粉をまんべんなくつけて余分な粉をはたき落としておくと、むらなく焼き色がつく。この焼きつけた香ばしさがおいしさを作る。牛肉を取り出していったん火を止め、ペーパータオルで鍋の脂を8割がた吸い取る。

4 **3**の鍋に**2**の野菜、塩小さじ1½を入れて弱火でしんなりとするまで炒め、トマトペーストを加えて混ぜる。牛肉を戻し入れ、**2**のマリネ液と水4カップを加える。中火にし、沸騰したら火を弱めてふたをし、静かに沸騰している状態で1時間30分煮る。デミグラスソースを加えてさらに30分煮る。

5 牛肉をいったん取り出す。煮汁はザルでこし、ゴムべらを強く押しつけて野菜のエキスを出す（**c**）。これで煮汁がなめらかになり、おいしいソースになる。鍋に牛肉と煮汁を戻し入れる。

6 小玉ねぎは皮をむく。マッシュルームは石づきを取る。**5**に加えて10分煮、塩、こしょうで味を調える。小玉ねぎが大きければ盛りつけるときに半分に切る。

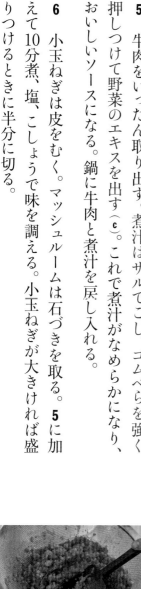

チキンクリームシチュー

鶏肉と野菜を
蒸し煮にしてから
煮込むと、
うまみたっぷり。
自家製ベシャメル
ソースを使った
やさしい味わいが魅力。

材料（3〜4人分）

鶏もも肉……大2枚（700g）
鶏肉の下味
―塩……小さじ1
にんじん……1本
じゃがいも……2個
玉ねぎ……1/2個
サラダ油……大さじ1
こしょう……少々

ベシャメルソース＊
（作りやすい分量、500g分）
バター（食塩不使用）……50g
薄力粉（ふるう）……50g
牛乳（温めたもの）……2 1/2カップ
ローリエ……1枚
塩……小さじ1/2

牛乳……1/2カップ
ブロッコリー（食べやすい大きさに切る）……4房分
塩……適量

＊ベシャメルソース……多めに作っておき、残ったら小分けにして冷凍しておくと便利。グラタンやドリアなど（146〜147頁）に使い回せる。

1　鶏肉は脂を取り除いて大きめのひと口大に切り、下味の塩をふってしばらくおく。にんじんは皮をむいて1cm厚さの輪切りにし、じゃがいもは皮をむいて1.5cm厚さの輪切りにする。玉ねぎは8等分のくし形に切る。

2　鍋にサラダ油を入れて中火で熱し、鶏肉にこしょうをふって皮目を下にして入れる。焼き色がつくまで動かさず、茶色く色づいてきたら裏返してさっと焼き、火を止めてペーパータオルで鍋の脂を吸い取る。

3　**2**の鍋に**1**の野菜を入れて具材が半分顔を出す程度の水を加えて火にかけ、ふたをして弱火で10分ほど蒸し煮にする（a）。これで野菜の甘さが引き出される。

4　ベシャメルソースを作る。バターを小さい角切りにして鍋に入れて弱めの中火にかける。溶けたらすぐに薄力粉を一気に加え、いったんコンロからはずし、なめらかになるまでへらで混ぜる（b）。火にかけたままだと焦げやすく、慌ててしまうため。

5　再び火にかけ、牛乳の1/3量を加え、へらで鍋の底とまわりに混ぜ残しがないように混ぜる。残りの牛乳の1/2量を加えて同様にして混ぜ、残りの牛乳とローリエ、塩を加えて混ぜる。火を止めて粗熱を取り、泡立て器で混ぜてなめらかにする（c）。

6　ボウルにベシャメルソース200gと牛乳を入れて泡立て器で混ぜ合わせ、**3**の鍋に加えて中火にかける。ブロッコリーを入れ、フツフツしてきたら火を弱めて2〜3分煮る。塩で味を調える。

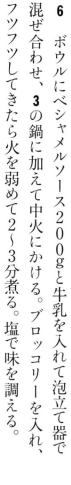

ロールキャベツ

ロールキャベツは
キャベツをおいしく
食べる料理。
たっぷりと使って
ひき肉ダネを包み、
野菜と
ベーコンから出る
うまみで煮込みます。

材料（作りやすい分量）

キャベツ……1個（1kg）
トマト……1個

ひき肉ダネ
合いびき肉……360g
玉ねぎ……1/4個
にんじん……小1/2本
にんにく……1かけ
塩……小さじ1
こしょう……適量
ナツメグ……小さじ1/2

ベーコン（薄切り）……2枚
ローリエ……1枚
塩……小さじ1/4

1　キャベツは包丁で芯をくりぬき、1枚ずつはがす。葉と葉の間に流水を当てると破れずにはがれる。トマトはヘタをくりぬく。鍋にたっぷりの湯を沸かし、トマトを入れて15秒ほどゆでてすぐに引き上げ、水につける。湯の量の1％の塩（分量外）を鍋に加え、キャベツを数枚ずつ入れてしんなりするまでゆで、ザルに上げて冷ます。ゆで汁は取っておく。

2　**1**のトマトの皮をむき、横半分に切って種を取り除き、1cm角に切る。キャベツは太い芯の部分をそぎ落とし（**a**）、葉の大小を組み合わせて重ね、6つに分ける。芯の部分はみじん切りにする。

3　ひき肉ダネを作る。玉ねぎ、にんじん、にんにくはみじん切りにする。ひき肉とともにボウルに入れ、**2**のキャベツの芯、塩、こしょう、ナツメグを加えて手早く混ぜ合わせ、6等分の俵形にする。

4　**2**のキャベツそれぞれにひき肉ダネをのせ、手前から巻き（**b**）、巻き終わりを楊枝で留める。数枚の葉を重ねているので、しっかりと包み込むようにする。

5　ぴったりと入るサイズの鍋に並べ入れて煮くずれないようにし、ベーコンを細切りにして散らす。ここでは直径24cmのものを使用。**1**のキャベツのゆで汁をひたひたになるまで加え（**c**）、ローリエも入れる。キャベツのうまみが出たゆで汁を使うとさらにおいしくなる。

6　中火にかけ、沸騰したら火を弱め、ふたをしてコトコトと20分ほど煮る。塩で味を調え、**2**のトマトを加えて2〜3分煮る。

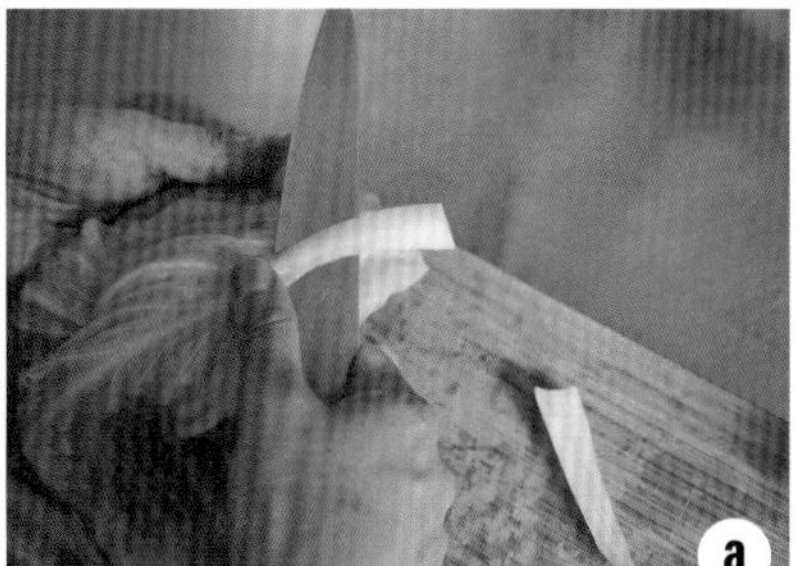
a

b

c

ミートボール煮込み

マッシュルームと
パプリカパウダー入りの
ミートボールは香り豊か。
パプリカソースは
ヨーグルトでコクと
かすかな酸味をつけます。

材料（4人分）

ひき肉ダネ
合いびき肉……500g
マッシュルーム……100g
サラダ油……小さじ1/2
塩……小さじ1
こしょう……適量
パン粉……大さじ2
卵……1個
パプリカパウダー……小さじ1
ナツメグ……小さじ1/2

玉ねぎ……大1個
にんにく……1かけ
サラダ油……大さじ1
トマトペースト（ミニパック）……1袋（18g）
塩、こしょう……各適量
パプリカパウダー……大さじ1 1/2
プレーンヨーグルト（無糖）……40g
パセリ（みじん切り）……適量

つけ合わせ

蒸しじゃがいも（皮をむいて大きめに割る）……適量

1 ひき肉ダネを作る。マッシュルームは石づきを取ってみじん切りにし、サラダ油を熱したフライパンに入れて弱火で炒める。火が通ってカサが減り、香りが立ってきたら火を止めて粗熱を取る。

2 ボウルにひき肉、**1**、塩、こしょう、パン粉、卵を入れ、パプリカパウダー、ナツメグを加え（**a**）、手早く混ぜ合わせる。パプリカパウダーとナツメグで香りと色をつけるのがポイント。8等分にして丸める。

3 玉ねぎは1cm四方に切り、にんにくはみじん切りにする。

4 鍋にサラダ油を入れて中火で熱し、**2**のミートボールを入れて動かさずに2～3分焼き、焼き色がついたらひっくり返して同様に焼き、いったん取り出す。火を止めてペーパータオルで鍋の脂を8割がた吸い取る。

5 **4**の鍋に**3**を入れて弱火で炒め、しんなりしたら水1カップ、トマトペースト、塩小さじ1/3、パプリカパウダーを加えて中火にし、クツクツしてきたらミートボールを戻し入れてふたをし、静かに沸騰している状態で15分ほど煮る。

6 塩、こしょうで味を調え、仕上げにヨーグルトを加えて混ぜ（**b**）、ほんの少し酸味をプラスして味に奥行きを出す。

7 器に盛ってパセリをふり、蒸したじゃがいもをつけ合わせる。

a

b

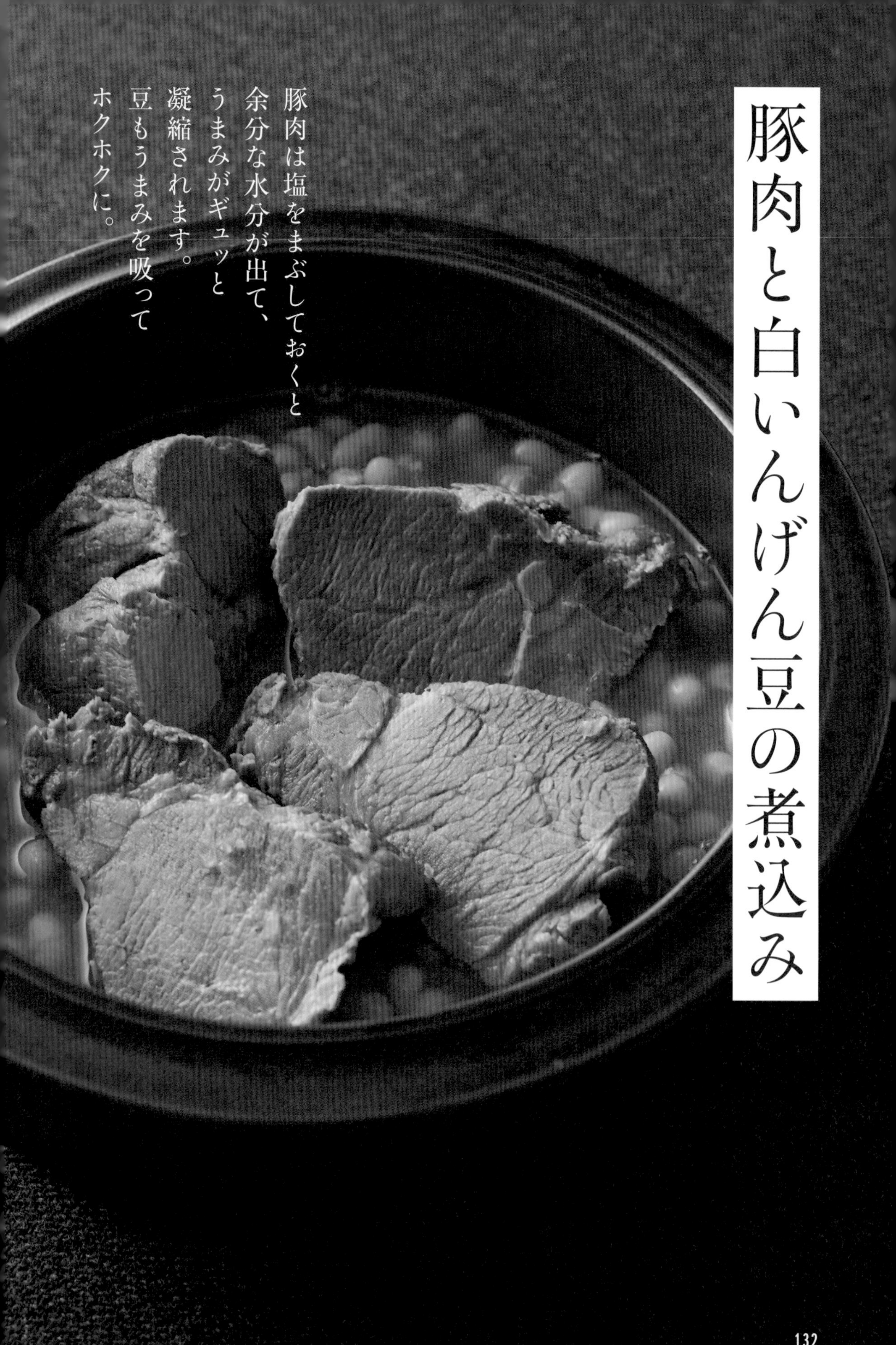

豚肉と白いんげん豆の煮込み

豚肉は塩をまぶしておくと
余分な水分が出て、
うまみがギュッと
凝縮されます。
豆もうまみを吸って
ホクホクに。

材料（4〜5人分）

豚肩ロース肉（かたまり）……450g
豚肉の下味
─塩……小さじ1
白いんげん豆（乾燥）……200g
玉ねぎ……1/2個
にんじん……1/2本
セロリ……小1本
サラダ油……大さじ1
白ワイン（辛口）……3/4カップ
ブーケガルニ*……1束
塩、こしょう……各適量

*ブーケガルニ……セロリの葉3本分、タイム（またはパセリの軸）6本、ローリエ1枚をたこ糸で縛ったもの。縛っておくと取り出しやすい。

1 白いんげん豆はさっと洗って3倍量の水につけ、冷蔵庫に入れてひと晩おく。豚肉は下味の塩をまぶし（**a**）、冷蔵庫に入れて2時間以上（できればひと晩）おき、塩を浸透させる。

2 玉ねぎ、にんじん、セロリはみじん切りにする。白いんげん豆は豆ともどし汁に分け、もどし汁に水を足して4カップにする。豚肉はペーパータオルで水気を拭き取る。

3 鍋にサラダ油を入れて中火で熱し、豚肉を入れてしばらく動かさず、こんがりと焼き色がついたら面を変えて全体に焼き色をつけ、いったん取り出す。火を止めてペーパータオルで鍋の脂を8割がた吸い取り、玉ねぎ、にんじん、セロリを入れて弱火にかけ、焦がさないようにしんなりするまで炒める。

4 **3**に白ワインを加えて中火で煮詰めてアルコール分を飛ばし、白いんげん豆と**3**の豚肉を加え、ブーケガルニを入れる（**b**）。ブーケガルニは肉の臭みを消し、風味づけにもなり、煮込み料理の味を引き立てる役割がある。さらに**2**のもどし汁、塩小さじ1/2、こしょう適量をふる。

5 沸騰したらアクを取り、弱火にしてふたをし、豚肉と白いんげん豆がやわらかくなるまで1時間ほど煮る。途中、豚肉の向きを変え、汁が煮詰まりすぎたら水を加える。塩、こしょうで味を調える。

6 豚肉を取り出して切り分け、豆と煮汁とともに器に盛る。

a

b

スペアリブとキャベツの煮込み

キャベツを
たっぷり使った
ダイナミックな
蒸し煮です。
ビネガーと
はちみつで煮ると
肉が思いの外
やわらかくなります。

材料（作りやすい分量）

豚スペアリブ（ハーフサイズ）……8本（800g）

豚肉の下味

─塩……大さじ1/2

キャベツ……1/2個

サラダ油……大さじ1

はちみつ……大さじ1 1/2

赤ワインビネガー……1/2カップ

塩、こしょう……各適量

1 豚肉は下味の塩をふって30分ほどおき、塩を浸透させる。キャベツはかたい芯の部分を切り落とし、横半分に切る。上半分は7〜8cm四方に切り、下半分は6cm四方に切り、芯の太い部分はそぎ切りにする。

2 鍋にサラダ油を入れて中火で熱し、豚肉を入れてしばらく動かさず、こんがりと焼き色がついたらひっくり返し、両面をこんがりと焼いていったん取り出す。火を止めてペーパータオルで鍋の脂を拭き取る。

3 **2**の鍋に下半分のキャベツを入れ、豚肉を並べるようにしてのせる（a）。はちみつ、塩小さじ1/2、赤ワインビネガー1/4カップ、水1カップを混ぜ合わせて加え、中火にかける。クツクツしてきたらふたをして火を弱め、10分ほど煮る。キャベツの上に豚肉をのせて加熱すると、豚肉がふた代わりになってキャベツが蒸し煮にされておいしくなる。

4 キャベツと豚肉の上下をざっと返し、上半分のキャベツを加えてふたをしてさらに10分煮て、上下をざっと返す。

5 残りの赤ワインビネガーを回しかけ（b）、ふたをしないでさらに5分ほど煮、塩、こしょうで味を調える。最後に赤ワインビネガーを加えて酸味をプラスすると味がしまる。ここではコクのある酸味の赤ワインビネガーを使ったが、なければ、すっきりとした酸味を感じる白ワインビネガーを使っても。

a

b

ビーフストロガノフ

牛肉はさっと
焼いてから煮ると
かたくなりません。
ソースに
ブランデーを入れると
リッチな仕上がりに。

材料（3～4人分）

牛もも肉（5㎜厚さのソテー用）……250g

牛肉の下味
- 塩……小さじ1/2
- こしょう……適量
- ナツメグ……小さじ1/2

玉ねぎ……大1個
にんにく……1かけ
サラダ油……大さじ1/2
薄力粉……大さじ1/2
ブランデー……1/2カップ
トマトペースト（ミニパック）……1袋（18g）
牛乳……1カップ
生クリーム……1カップ
塩……適量

つけ合わせ
パセリライス＊……適量

＊パセリライス……米2合を普通に炊き、バター（食塩不使用）20g、塩小さじ1/4を加えてよく混ぜ、パセリのみじん切り2本分を加えて混ぜる。

1 牛肉は1.5㎝幅に切り、下味の材料をふって混ぜる。玉ねぎは縦半分に切り、それぞれ繊維に沿って8等分のくし形に切る。にんにくは薄切りにする。

2 鍋にサラダ油を入れて強火で熱し、牛肉を入れてさっと焼いて取り出す（a）。表面を焼いておくと煮てもかたくならず、うまみが逃げない。火を止めてペーパータオルで鍋の脂を8割がた拭き取る。

3 **2**の鍋に玉ねぎ、にんにく、薄力粉、塩小さじ1/2を入れて弱火で軽く炒め、ブランデーを注ぎ入れ、強火で煮詰めてアルコール分を飛ばす（b）。強火で熱するとアルコール分だけが飛び、うまみと風味は残る。

4 **3**にトマトペーストを入れ、分離しないように中火で1分ほどしっかりと炒め、牛乳、生クリームを加え、**2**の牛肉を戻し入れて弱火で温める。塩で味を調える。

5 器に、型抜きしたパセリライスとともに盛る。

a

b

チキンカレー

肉を焼きつけたあとの脂を拭き取らず、その脂を使って玉ねぎをじっくりと炒めると、コクのある味に仕上がります。

材料（2〜3人分）

鶏もも肉（骨つき）
……小2本（700g）
鶏肉の下味
―塩……小さじ2
玉ねぎ……大1個
にんにく……2かけ
しょうが……2かけ
サラダ油……大さじ1
薄力粉……大さじ1½
カレー粉……大さじ2
塩、こしょう……各適量
トマトケチャップ
……大さじ1強
ローリエ……1枚
りんご……1個
ご飯……適量

1　鶏肉は関節のところで二つに切り分け、下味の塩をふって冷蔵庫に入れて1時間おく。玉ねぎ、にんにく、しょうがはみじん切りにする。

2　鍋にサラダ油を入れて中火で熱し、ペーパータオルで鶏肉の水分を拭いて皮目を下にして並べ入れ、こんがりと焼き色がつくまで動かさず、4〜5分焼く。ひっくり返し（a）、色が変わる程度に焼いてバットなどに取り出す。この香ばしさと脂がうまみになる。

3　**2**の鍋に玉ねぎ、にんにく、しょうがを入れて強めの弱火にかけ、色がつくまで15分ほど炒め、香りとうまみを出す（b）。とろみになる薄力粉を加えてさらによく炒める。

4　カレー粉、塩小さじ⅓、こしょう、トマトケチャップ、ローリエ、水4カップを加えて混ぜ、クツクツとしてきたら鶏肉をバットにたまった汁とともに加えて混ぜる。ふたをずらしてのせ、静かに沸騰している状態で20分ほど煮る。塩で味を調える。

5　りんごの芯を取り除いて皮ごとすりおろし、**4**に加えて5分ほど煮る（c）。

6　ご飯とともに器に盛る。

a

b

c

シーフードのトマト煮込み

たこといかは
時間をかけて
ゆっくりと火を
通すことで
やわらかくなります。
あさりはさっと
火を通すのがコツ。

材料（4人分）

あさり（殻つき）……400g
たこの足（ゆでたもの）……小4本
いか……小1ぱい
にんにく……大1かけ
赤唐辛子……1本
パプリカ（赤、黄）……各1個
ズッキーニ……1本
オリーブオイル……大さじ4
カットトマト（水煮缶）……600g
塩……適量
バジル……少々

1　あさりは洗ってバットに入れ、海水程度の濃度の塩水をひたひたに加えて新聞紙などをかぶせ、2〜3時間涼しい場所（夏場は冷蔵庫）において砂抜きをし、殻をこすり合わせて洗う。たこはさっと洗ってペーパータオルで水気を拭く。いかは胴からワタと足を引き抜いて軟骨を取り、水でよく洗い、1.5cm幅の輪切りにする。足はワタとくちばしを取り、足先を少し切り落とし、2本ずつに切り分ける。

2　にんにくはみじん切りにする。赤唐辛子はヘタを取って半分にちぎり、種を取り除く。パプリカは縦半分に切ってヘタと種を取り除き、斜め2cm幅に切る。ズッキーニは1cm厚さの輪切りにする。

3　鍋ににんにくとオリーブオイルを入れて弱火にかけ、香りを立たせる（a）。にんにくにゆっくりと火を通すことで生臭さがなくなり、焦げる前に十分に香りが立つ。

4　**3**にカットトマト、塩小さじ⅔、赤唐辛子、**1**のたこといかを入れて中火にし、クツクツしてきたらふたをして火を弱め、静かに沸騰している状態で、たこが7割くらいやわらかくなるまで30分ほど煮る（b）。ゆっくりと煮ることでやわらかくなる。

5　パプリカとズッキーニを加え、再びふたをして10分ほど煮、あさりを加えて中火で6〜7分煮る。あさりの口が開いたら塩で味を調える。

6　器に盛り、バジルを飾る。

帆立ときのこのクリーム煮

このクリーム煮は
フリカッセと
呼ばれる
汁気の少ない
軽やかな煮込み。
貝柱のおいしさを
損なわないように
時間をかけずに
仕上げます。

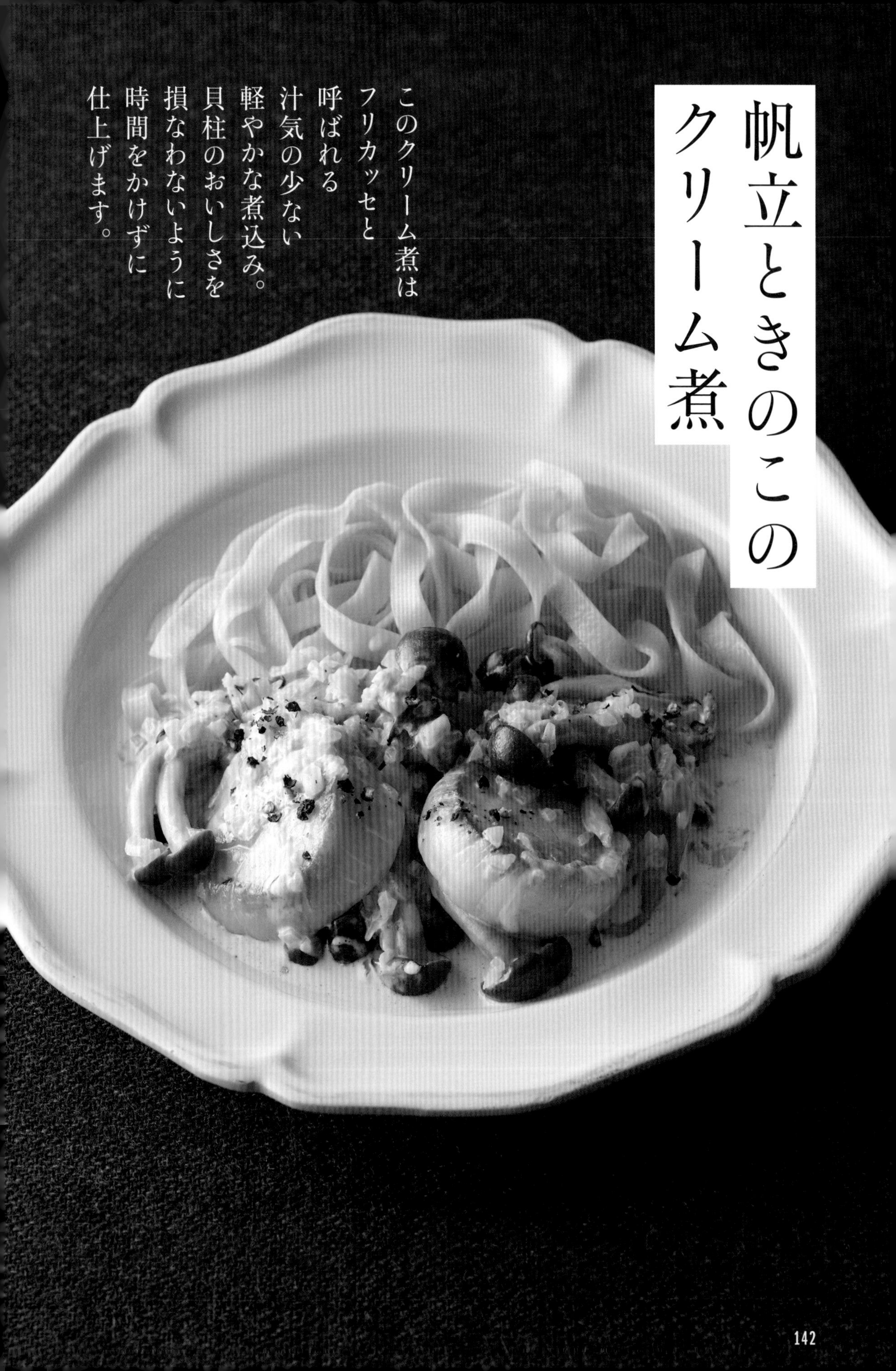

材料（3〜4人分）

帆立貝柱……6〜8個
しめじ……2パック（200g）
玉ねぎ……1個
オリーブオイル……大さじ1
塩……適量
生クリーム（乳脂肪分が高いもの）……1カップ
バター（食塩不使用）……20g
ナツメグ……小さじ1/4
黒粒こしょう（たたいてつぶす）……小さじ1/2

つけ合わせ
平打ちパスタのオイルあえ*……適量

*平打ちパスタのオイルあえ……平打ちパスタ（乾麺）150gを塩（湯の分量の1%）を加えた湯でゆで、ゆで汁をきってオリーブオイル適量をまぶす。盛りつけるまでラップをしておく。

1　貝柱はペーパータオルで水気を拭く。しめじは石づきを取って小房に分け、玉ねぎはみじん切りにする。

2　鍋にオリーブオイルを入れて中火で熱し、貝柱を並べ入れてしばらく動かさず、側面の半分くらいの高さまで火が通って色が変わったらひっくり返す。すぐに火を止めてバットに移し（a）、片面に塩小さじ1/2をふる。両面を焼くと火が通りすぎて仕上がりがかたくなる。

3　**2**の鍋に玉ねぎを入れて弱火にかけ（b）、鍋底についた貝柱の焼き焦げをへらでこそげるようにして炒める。この焼き焦げはうまみなので、玉ねぎに移すようにして炒める。玉ねぎがしんなりしたら、しめじ、塩小さじ2/3を加え、水分が出てくるまで焦がさずに炒める。

4　**3**に生クリームを入れて温め、**2**の貝柱をバットにたまった汁とともに加え、弱火で5〜6分煮る。塩で味を調え、バターを入れてすぐに火を止め、ナツメグを加えて混ぜる。

5　パスタとともに器に盛り、こしょうをふる。

a

b

column

ミートソースを作る

ミートソースは煮込み料理のひとつ。
ひき肉と野菜をクツクツと煮込むことによって
コクと深みのあるソースが生まれます。
ひき肉はしっかりと炒めて肉の臭みを飛ばし、
赤ワインとトマトペーストで奥行きを出します。

材料（作りやすい分量）

合いびき肉……600g
玉ねぎ……小1個
にんじん……1/3本
セロリ……1/2本
にんにく……1かけ
サラダ油……大さじ1/2
塩……小さじ2
赤ワイン（ミディアムボディ）……1/2カップ
カットトマト（水煮缶）……300g
トマトペースト（ミニパック）……1袋（18g）
ローリエ……1枚
こしょう……適量
ナツメグ……小さじ1

1 玉ねぎ、にんじん、セロリ、にんにくはみじん切りにする。

2 鍋にサラダ油を入れて中火で熱し、ひき肉を入れてほぐしながら炒める。ひき肉がポロポロになって肉汁が出てくるまでよく炒め、さらに肉汁が透明になって汁気がなくなるまで炒める（**a**）。炒めきることで肉の臭みが抜ける。

3 **1**と塩を加えて強めの弱火でしんなりするまで炒め、赤ワインを入れてアルコール分を飛ばしながら煮詰める。

4 カットトマトを加えて混ぜ、トマトペーストを加えてコクと濃厚さを出し（**b**）、ローリエを入れて10分ほど煮る。味をみて足りないようなら塩（分量外）を加え、こしょう、ナツメグを入れて混ぜる。

a

b

ミートソースを使って

ミートソーススパゲッティ

ミートソースには少し太めのパスタを組み合わせるとバランスがよく、チーズはおろしたてをかけると香りが立ちます。

材料（2人分）
スパゲッティ……160〜200g
ミートソース（144頁参照）……適量
パルメザンチーズ（かたまり）……適量

1 スパゲッティは塩（湯の分量の1%。材料外）を加えた湯で袋の表示どおりにゆでる。

2 ゆで汁をきって器に盛り、ミートソースをたっぷりとかけ、パルメザンチーズをすりおろしてかける。

ベシャメルソースを使って

マカロニグラタン

クリームシチューで使うベシャメルソースはグラタンやドリアにも使えるので多めに作っておくと便利。そのままではぽってりとしすぎるので、牛乳などでのばします。

材料（500mℓ容量の耐熱容器1台分）

- マカロニ……80g
- えび（無頭、殻つき）……8尾
- 玉ねぎ……1/2個
- マッシュルーム……4個
- サラダ油……小さじ1
- 塩……小さじ2/3
- こしょう……適量
- 白ワイン（辛口）……大さじ2
- ベシャメルソース（127頁参照）……200g
- 牛乳……3/4カップ
- パン粉……大さじ1
- ピザ用チーズ……30g
- バター（食塩不使用）……10g

1　マカロニは塩（湯の分量の1%。分量外）を加えた湯でゆで、オリーブオイル少々（材料外）をまぶす。えびは殻と背ワタを取り、2cm幅に切る。玉ねぎは繊維に沿って薄切りにし、マッシュルームは石づきを取って2mm厚さに切る。

2　フライパンにサラダ油を入れて中火で熱し、えびを炒め、玉ねぎ、マッシュルーム、塩、こしょうを加えてしんなりするまで炒める。白ワインを入れてアルコール分を飛ばして煮詰め、火を止めてマカロニを加えて混ぜる。

3　**2**にベシャメルソースを加えて混ぜ、弱火にかけ、牛乳を入れてのばす（**a**）。混ぜながら1～2分煮、マカロニにソースを吸わせてとろりとさせる。

4　**3**を耐熱容器に移し、パン粉、チーズの順にふり、バターをちぎって散らす。220℃のオーブンでおいしそうな焼き色がつくまで15分ほど焼く。

ベシャメルソースを使って

ドリア

ベシャメルソースをドリアに使うときは、グラタンのときよりかためにのばし、バターを加えると、ご飯と混ざりすぎず、二層になります。

材料（350㎖容量の耐熱容器1台分）

ハムライス
- ご飯……茶碗1杯分
- ロースハム（薄切り）……2枚
- 玉ねぎ……1/4個
- にんじん……1/4本
- ピーマン……1個
- サラダ油……小さじ1
- 塩……小さじ1/3
- こしょう……適量

- ベシャメルソース（127頁参照）……120g
- 牛乳……大さじ2
- バター（食塩不使用）……10g
- パセリの葉……1本分

1 ハムライスを作る。ハムは5㎜四方に切る。玉ねぎはみじん切りにし、にんじんは皮をむいて5㎜角に切り、ピーマンはヘタと種を取って5㎜角に切る。

2 フライパンにサラダ油を入れて強めの弱火で熱し、**1**を入れてしんなりするまで炒める。ご飯、塩を加えてほぐすように炒め合わせ、こしょうをふる。

3 鍋にベシャメルソースと牛乳を入れて弱火にかけ、とろっとした濃度になるまで温める。火を止めてバターを加えて溶かし（a）、コクと風味を足す。

4 **2**を耐熱容器に入れて**3**をかけ、パセリをところどころにのせる。220℃のオーブンでおいしそうな焼き色がつくまで15分ほど焼く。

a

井原裕子さんに教わる
サラダとあえもの

サラダやあえものは野菜をおいしく味わうための料理。野菜のうまみを引き出すための下ごしらえが肝心です。最大のポイントは、余分な水分を抜いてうまみをギュッと凝縮させること。生で使う場合は水気をしっかりときり、ゆでて使う場合は塩ゆでにして水気をしっかりと拭く。塩もみしたり、塩水につけて浸透圧で水分を出したりなど、塩の力を借りて行います。

また、葉野菜のサラダはなんといってもみずみずしさがいのち。そのためには水に放して水分を吸わせてシャキッとさせてからしっかりと水気をきること、ドレッシングを加えたらよくあえること。ドレッシングの使いすぎは禁物で、あえたあとにボウルの底にたまらない程度の量を加えるのがベストです。野菜とドレッシングの味の重なりがおいしさを作ります。定番のポテトサラダやマカロニサラダは、1日おいたほうが味がなじんでおいしくなるので、多めに作るといいですね。

あえものは野菜のゆで方が仕上がりの味を左右します。ゆですぎず、ゆでたら冷水に放して色よく仕上げる。水にさらしたら水っぽくなってしまうものは直接ザルに上げて冷ますなど、それぞれの野菜に合わせた対応をしましょう。

いはら・ゆうこ●イギリス、アメリカに8年間在住し、帰国後、料理研究家のアシスタントを12年務め、独立。おいしく作るために手間を惜しまないレシピから時短レシピ、健康に配慮したレシピ、作りやすいレシピまで幅広くこなす。

サラダとあえものが得意になるための「3つのコツ」

1 青菜はゆですぎず少量ずつ入れる

野菜はシャッキリ感を残したいので、ゆですぎないように注意。一度に大量にゆでると湯の温度が下がって上手に仕上がらないので、少量ずつゆでるのもおすすめ。特にほうれん草は火が通りやすいので、たっぷりの熱湯に茎から入れ、葉の緑がムラなく濃くなったらすぐに水に取ります。

2 水気をしっかり取ってあえる

野菜に水気がついたままだとドレッシングやあえ衣まで水っぽくなってしまい、おいしさが半減。ザルに上げて水気をきるだけでは不十分なので、さらにサラダスピナー（水きり器）で水気をきったり、手でかたく絞ったり、ふきんやペーパータオルで水気を吸い取ったりします。

3 食べる直前にあえる

サラダもあえものも、一般的には食べる直前にあえるのが鉄則。あえてから時間がたつと野菜から水分が出てきてしまい、野菜の元気さがなくなり、水っぽくなってしまうからです。ただし白あえは、あえてしばらくおいて味をなじませたほうがおいしくなります。

ポテトサラダ

ゆでたじゃがいもは
熱いうちに下味をつけておくと
マヨネーズがよくなじんで
キリッとした味に仕上がります。

材料（作りやすい分量）

じゃがいも……4個（600g）
じゃがいもの下味
┃塩……小さじ½
┃酢……大さじ1
玉ねぎ……½個
きゅうり……1本
卵（ゆでる）……2個
ツナ缶……小1缶
マヨネーズ……大さじ4
生クリーム……大さじ2
塩……ひとつまみ
こしょう……少々

1 じゃがいもは皮をむいて大きめのひと口大に切り、水に5分ほどさらして水気をきり、鍋に入れる。かぶるくらいの水を入れて中火にかけ、煮立ったらふたをし、竹串を刺してスーッと通るまで弱火でゆでる。

2 ゆで汁をきり、鍋に戻して中火にかけ、水分を飛ばしながら混ぜ、粉吹きにする。熱いうちにボウルに移し、下味の材料を加え（**a**）、つぶしながら混ぜて冷ます。熱いうちに調味料を加え、それから冷ますと味がよく入る。

3 玉ねぎは薄切り、きゅうりは薄い輪切りにしてボウルに入れ、塩小さじ⅓（分量外）をふって10分ほどおいて水気を絞る（**b**）。野菜の水分を出しておくと、あえても水っぽくならない。

4 ゆで卵は殻をむき、ざっくりと切る。ツナは缶汁をきる。ここではツナを使ったが、ハムでもよい。

5 **2**のボウルにマヨネーズ、生クリーム、塩、こしょうの順に入れて混ぜ、**3**と**4**を加えて混ぜる。生クリームを入れるとコクが出てまろやかになる。保存容器に入れて冷蔵庫で4日ほどおいしく食べられるので、多めに作るとよい。

a

b

コールスロー

キャベツは
塩もみすることで
水分が抜け、
やわらかくなります。
水気を軽く絞って
歯ざわりを残すと
おいしさが引き立ちます。

材料（作りやすい分量）

キャベツ……1/4個
セロリ……1本
セロリの葉……10枚くらい
ドレッシング
オリーブオイル……大さじ1
プレーンヨーグルト（無糖）……大さじ2
レモンの搾り汁……大さじ1
塩……ひとつまみ
粗びき黒こしょう……少々

1 キャベツは芯を切り落とし、せん切りにする。セロリは筋を取って斜め薄切りにしてからせん切りにする。セロリの葉はみじん切りにする。

2 **1**をボウルに入れて塩小さじ1/3（分量外）をふって軽くもみながら混ぜ（**a**）、10分おいてしんなりさせる。少し時間をおくことで塩の浸透圧で水気が出る。

3 **2**の水気を軽く絞る。かたく絞るとキャベツの歯ざわりがなくなる。

4 別のボウルにドレッシングの材料を入れてよく混ぜ合わせ、**3**を加えて混ぜる。サンドイッチやホットドッグ、肉料理のつけ合わせにも使えるので、多めに作っても。

キャロットラペ

ラペとはフランス語で「すりおろす」の意味。切り口がギザギザになるせん切り器を使うと油や調味料がなじみやすくなります。

材料（2人分）

にんじん……大1本
くるみ（炒ったもの）……30g
レモン（国産）……1/2個
オリーブオイル……大さじ2
塩……小さじ1/2
粗びき黒こしょう……少々

1 にんじんは皮をむき、せん切り器でせん切りにしてボウルに入れる（**a**）。沖縄料理のしりしりに使う「しりしり器」を使うと、切り口がギザギザになって味がからまりやすく、ラフな食感になる。チーズおろし器を使っても。

2 レモンは皮をすりおろし、**1**のボウルに入れる。果汁は搾って別にしておく。くるみは手で割る。

3 **1**のボウルにオリーブオイル、塩、こしょう、くるみを入れて混ぜる。レモンの搾り汁を加えて混ぜ、10分ほどおいて味をなじませる。レーズンを加えたり、レモンの代わりにオレンジを使ってもよい。

シーザーサラダ

野菜は氷水に放してシャキッとさせ、ベーコンとバゲットはカリカリに焼くのがポイントです。

材料（2人分）

ロメインレタス……5～6枚
玉ねぎ……1/4個
クレソン……1束
ミディトマト……3個
ベーコン（厚切り）……60g
バゲット（薄切り）……6枚
にんにく……1/2かけ
オリーブオイル……適量
ドレッシング
　マヨネーズ……大さじ1
　レモンの搾り汁……大さじ1
　パルメザンチーズ（すりおろし）……大さじ1
　牛乳……大さじ1
　オリーブオイル……大さじ2
　塩……小さじ1/3
　粗びき黒こしょう……少々

1　ロメインレタスは食べやすい大きさに切る。玉ねぎは薄切りにし、クレソンは3cm長さに切る。ボウルに入れ、水と氷を加えて5分ほどおき（a）、シャキッとしたら水気をしっかりときる。このひと手間ででき上がりのおいしさが違ってくる。

2　ミディトマトはヘタを取って四つ割りにする。

3　ベーコンは3mm幅に切る。フライパンに油はひかずに入れて中火にかけ、カリッとしてくるまで焼く。

4　バゲットはにんにくの切り口をこすりつけてオリーブオイルを塗り、オーブントースターでカリッとするまで焼く。

5　**1**、**2**、**3**、**4**をざっとあえて器に盛り、ドレッシングの材料を混ぜ合わせてかけ、さらにこしょう、パルメザンチーズ各適量（分量外）をふる。

a

マカロニサラダ

ゆでたマカロニにオイルをからめてコーティングしておくと、マカロニ同士がくっつかず具がまんべんなく混ざります。

材料（作りやすい分量）

マカロニ……150g

マカロニの下味
- オリーブオイル……大さじ1
- 塩……小さじ1/4

ハム……3枚
きゅうり……1/2本
にんじん……40g
マヨネーズ……大さじ5
牛乳……大さじ2
塩……ひとつまみ
こしょう……少々

1 鍋にたっぷりの湯を沸かし、マカロニを入れて袋の表示どおりにゆでる。ゆで汁をしっかりときってボウルに入れ、オリーブオイル、塩を加えて混ぜ、冷ます（a）。オイルでマカロニのくっつきを防止し、塩で下味もつく。

2 ハムは1〜1.5㎝四方に切る。きゅうりは薄い半月切りにする。にんじんは皮をむいてスライサーなどでごく細いせん切りにする。ハムの代わりにツナ、ゆでたえびやソーセージを使っても。

3 **1**のボウルにマヨネーズ、牛乳、塩、こしょうの順に入れて混ぜ、**2**を加えて混ぜ合わせる。すぐ食べてもよいが、少しおくと味がなじんでおいしくなる。

ゆで鶏とわかめのサラダ

鶏肉はゆで汁の中で冷ますと、パサつかずジューシーなまま。練りごまソースでボリュームのある味に。

材料（2〜3人分）

鶏むね肉……小1枚

ゆで鶏用
- 長ねぎ（青い部分）……15cm
- しょうが（薄切り）……3枚
- 塩……小さじ1/2

塩蔵わかめ（水でもどしたもの）……120g

長ねぎ……1/2本

練りごまソース
- 白練りごま……大さじ2
- 砂糖……大さじ1/2
- しょうゆ……大さじ1
- 塩……小さじ1/4
- 酢……大さじ1

ピーナッツ（炒ったもの）……10g

1 鍋に鶏肉の皮目を下にして入れ、長ねぎ、しょうが、塩、かぶるくらいの水を加えて弱めの中火にかける。鍋のまわりに細かい泡が立ってきたら弱火にして2分ほどゆでる。ふたをして火を止め、そのまま冷ます（a）。長ねぎとしょうがを入れてゆでると鶏肉のクセがやわらぎ、使う直前までゆで汁につけておくとパサつき防止になる。

2 わかめはざく切りにする。長ねぎは縦半分に切ってから斜め薄切りにし、水に3分ほどさらして水気をきる。

3 **1**の鶏肉の皮を除き、食べやすい大きさに手でさく。

4 ボウルに練りごまソースの材料を入れて混ぜ、**2**と**3**を加えてあえる。

5 器に盛り、ピーナッツを砕いて散らす。

春雨サラダ

春雨はチキンスープでゆでてごま油をからめると下味がつき、味気なくなりません。

材料（2～3人分）

緑豆春雨（乾燥）……80g
もやし……100g
チキンスープ＊……3カップ
ごま油……小さじ1

薄焼き卵
- 卵……2個
- 酒……大さじ1
- 塩……少々
- サラダ油……小さじ1

きゅうり（せん切り）……1本分
ハム（細切り）……3枚分

中華ドレッシング
- しょうゆ……大さじ2
- 酢……大さじ1
- 砂糖……大さじ1/2
- ごま油……大さじ2

白炒りごま……大さじ1

＊チキンスープ……市販の鶏ガラスープの素（顆粒）を表示どおりに湯で溶く。

1　もやしはひげ根を取る。鍋にチキンスープ、塩小さじ1/3（分量外）を入れて中火にかけ、沸騰したらもやしを入れて1分ほどゆでて取り出し、水気をきって冷ます。続いて春雨を入れて2分ほどゆで（a）、水気をしっかりときってボウルに入れ、ごま油を加えて混ぜ、冷ます。チキンスープでゆでると下味がつき、水気をしっかりときってごま油を混ぜると水っぽくならない。

2　薄焼き卵を作る。ボウルに卵を割りほぐし、酒、塩を加えて混ぜる。サラダ油を熱したフライパンまたは卵焼き器に少量を流し入れ、縁がめくれたらひっくり返して裏面もさっと焼く。残りも同様にして焼く。冷めたら細切りにする。

3　春雨のボウルにもやし、きゅうり、ハムを入れ、中華ドレッシングの材料を混ぜ合わせて加え、**2**、ごまを加えてさっと混ぜる。

a

五目白あえ

豆腐はしっかりと
水きりすると
口当たりがよくなり、
炒りごまを入れると
コクが出ます。
具となる野菜と
こんにゃくはさっと煮て
下味をつけておくと、
味がぼやけません。

材料（2人分）

にんじん……50g
しいたけ……2枚（50g）
絹さや……30g
つきこんにゃく……50g
だし汁……½カップ
みりん……大さじ1
薄口しょうゆ……小さじ2

あえ衣
- 木綿豆腐……1丁（300g）
- 白炒りごま……大さじ2
- 薄口しょうゆ……小さじ1
- 塩……ひとつまみ

1　にんじんは皮をむいて縦薄切りにしてから細切りにする。しいたけは石づきを取ってかさと軸に分け、かさは薄切りにし、軸は手で細くさく。絹さやは筋を取る。

2　鍋に湯を沸かして火を止め、絹さやを入れて箸で混ぜ、余熱で色が鮮やかになったら取り出す。水に取って冷まし、水気をきる。鍋を再び火にかけ、こんにゃくを入れ、沸騰してから2分ほどゆでて水気をきり、食べやすい長さに切る。

3　**2**の鍋をきれいにしてだし汁、みりん、薄口しょうゆを入れて火にかけ、沸騰したらにんじん、しいたけ、こんにゃくを入れる。再び沸騰したら弱火にし、ふたをして2分ほど煮てそのまま冷ます（a）。煮て下味をつけておくと、あえたときに素材の味が立つ。

4　あえ衣を作る。鍋に湯を沸かし、豆腐を手でくずし入れ、再び沸騰したら中火で2分ほど煮立たせないようにゆでてザルに上げる（b）。そのまま冷ましながら水気をしっかりときる。しっかりときることで仕上がりが水っぽくならない。

5　すり鉢にごまを入れ、粒が見えなくなって香りが立つまでよくすり、**4**の豆腐を加えてなめらかになるまですり混ぜる（c）。薄口しょうゆと塩を加えて混ぜる。

6　**2**の絹さやを斜め細切りにし、冷めた**3**の鍋に加えて2分ほどおく。すべての具をザルに上げて汁気をきり、**5**のすり鉢に加えてあえる。

a

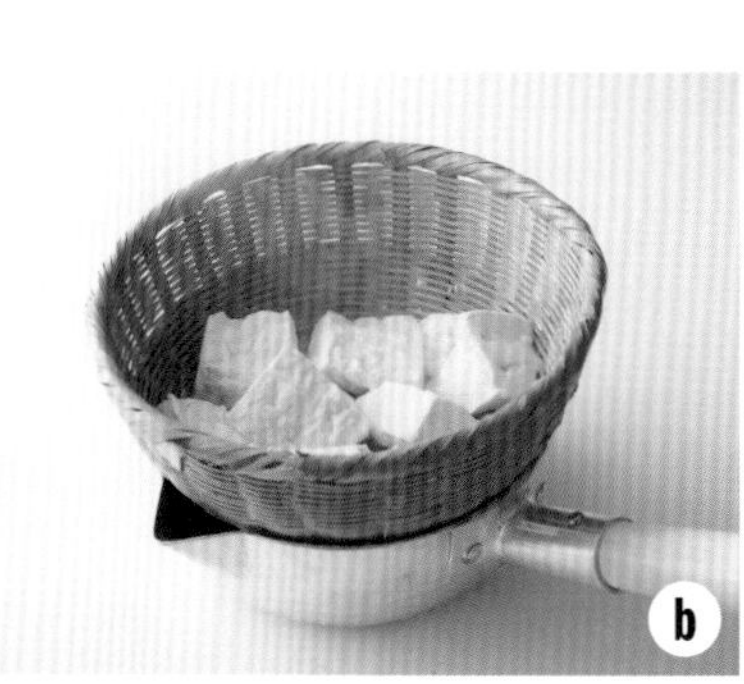
b

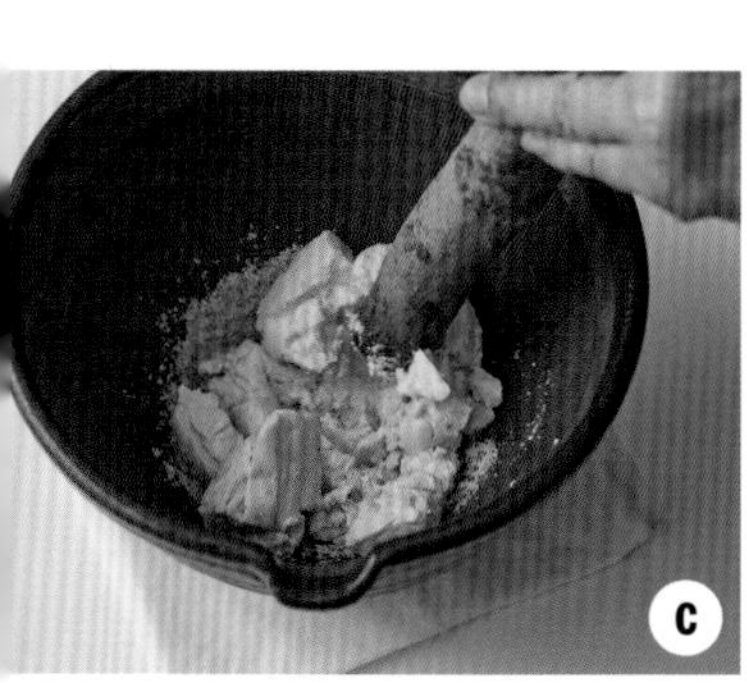
c

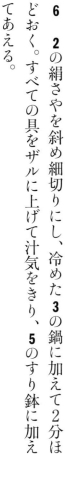

さやいんげんの黒ごまあえ

さやいんげんはゆでたら水にさらさずにザルに上げると水っぽくなりません。黒ごまは半ずりにして食感を残します。

なすの白ごまあえ

なすはレンジで加熱すると蒸したようにやわらかくなります。クセがなく、黒ごまより油脂分の多い白ごまがよく合います。

さやいんげんの黒ごまあえ

材料（2人分）

さやいんげん……100g

あえ衣

- 黒炒りごま……大さじ3
- しょうゆ……大さじ$\frac{1}{2}$
- 煮きりみりん*……大さじ$\frac{1}{2}$
- だし汁……大さじ1

*煮きりみりん……みりんを鍋に入れて火にかけ、アルコール分を飛ばしたものをいうが、ここでは使う量が少ないので電子レンジで加熱。みりん大さじ1で約30秒が目安。

1 さやいんげんは筋を取り、たっぷりの熱湯で2〜3分ゆで、ザルに上げてそのまま冷ます。ヘタを切り落として長さを3等分に切る。

2 あえ衣を作る。すり鉢にごまを入れて半ずりにし（a）、しょうゆ、煮きりみりん、だし汁を入れてすり混ぜる。ごまを少し粗めにすることを半ずりという。すらないと香りが出ず、形がなくなるまですると ごまの食感がなくなる。

3 **2**にさやいんげんを加えてあえる。時間をおくと水っぽくなるので食べる直前にあえる。

a

なすの白ごまあえ

材料（2人分）

なす……3本

あえ衣

- 白炒りごま……大さじ5
- 薄口しょうゆ……小さじ2
- 煮きりみりん*……大さじ1
- だし汁……大さじ2

1 なすはヘタを切り落とし、皮をむいて水にさっとくぐらせ、1本ずつラップで包む。電子レンジで約3分加熱し（a）、そのまま水に取って冷まし、ラップをはずして1.5cm厚さの輪切りにする。少量の蒸しなすを作るときは、電子レンジが手軽で色もきれい。

2 あえ衣を作る。すり鉢にごまを入れてほぼ粒が見えなくなるまですり、薄口しょうゆ、煮きりみりん、だし汁を入れてすり混ぜる。なすと白ごまの色を生かしたいので、しょうゆは薄口を使う。

3 **2**になすを加えてあえる。時間をおくと水っぽくなるので食べる直前にあえる。

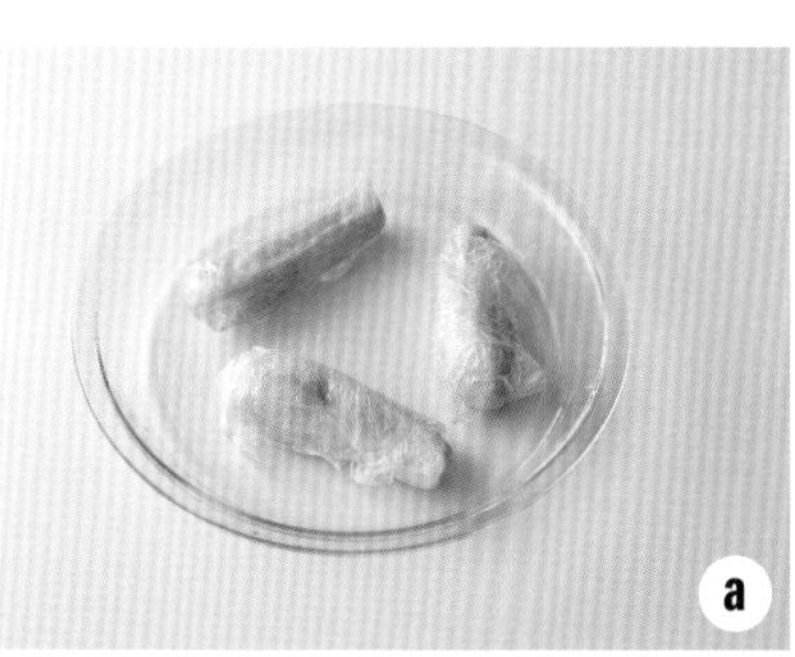

a

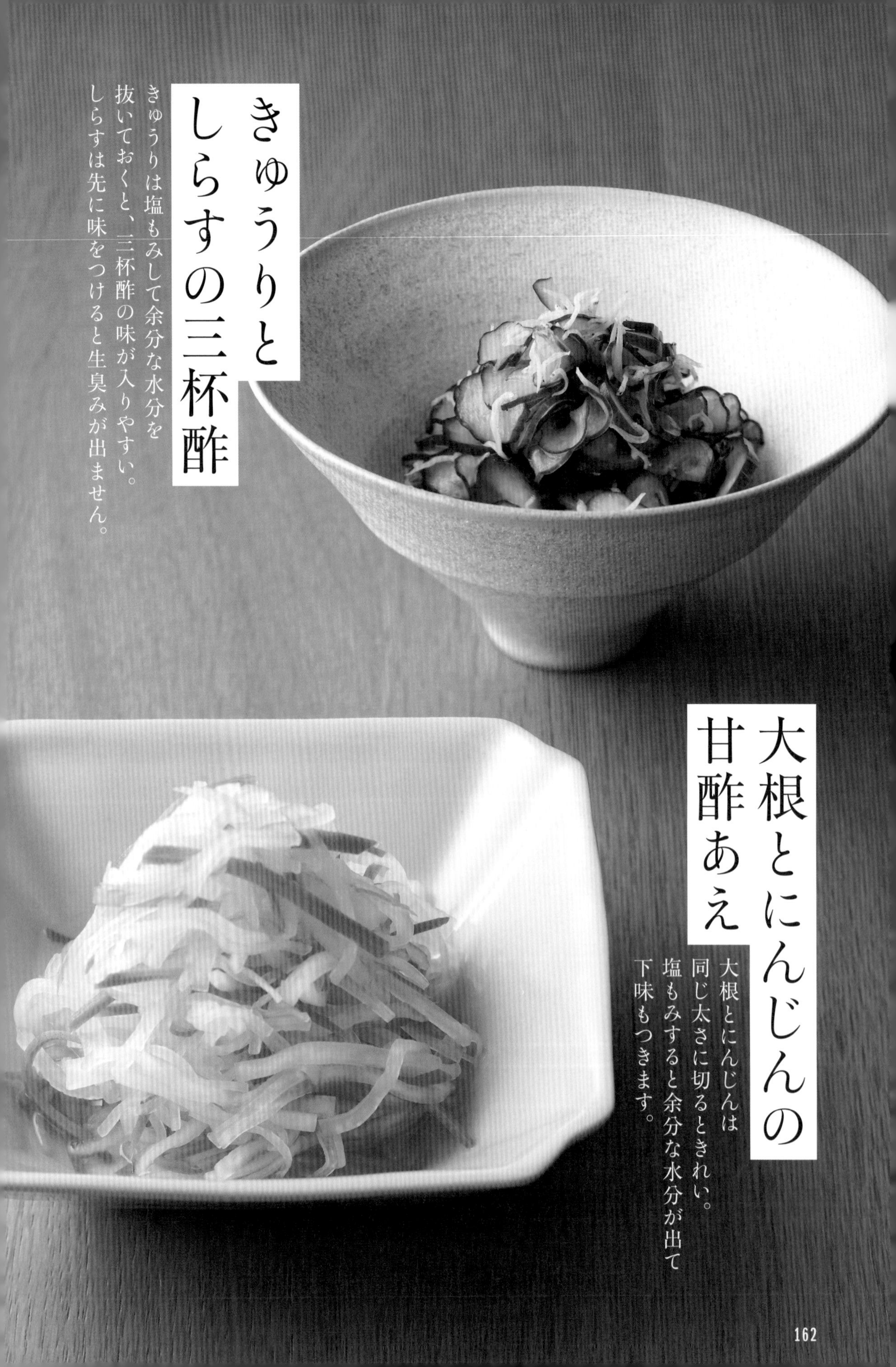

きゅうりとしらすの三杯酢

きゅうりは塩もみして余分な水分を抜いておくと、三杯酢の味が入りやすい。しらすは先に味をつけると生臭みが出ません。

大根とにんじんの甘酢あえ

大根とにんじんは同じ太さに切るときれい。塩もみすると余分な水分が出て下味もつきます。

きゅうりとしらすの三杯酢

材料（2人分）

きゅうり……2本
しらす干し……15g

三杯酢

酢……大さじ1
煮きりみりん（161頁参照）……大さじ1
だし汁……大さじ1
薄口しょうゆ……小さじ1
塩……小さじ1/3

1 きゅうりは薄い輪切りにしてボウルに入れ、塩小さじ1/2（分量外）をふって軽く混ぜ、10分ほどおいてしんなりしたら、水でさっと洗って塩気を流し、水気をよく絞る。

2 三杯酢の材料をボウルに入れて混ぜ（a）、しらすを加えてなじませ、きゅうりを入れてあえる。みりんは煮きりみりんを使うとうまみが増し、しょうゆは薄口を使うときゅうりの色が生きる。

a

大根とにんじんの甘酢あえ

材料（2人分）

大根……400g
にんじん……1/2本

甘酢

酢……大さじ4
水……大さじ2
砂糖……大さじ2
塩……小さじ1/2

ゆずの皮（せん切り）……少々

1 大根は4cm長さに切って皮を厚めにむき、縦薄切りにしてせん切りにする。にんじんは皮をむいて斜め薄切りにしてせん切りにする。

2 ボウルに水2 1/2カップ、塩小さじ2（分量外）を入れて混ぜ、**1**を加えて15分ほどおき、しんなりしたらザルに上げ、水気を絞る。今回のように野菜の量が多い場合は、塩水につけると均一に塩が回る。

3 ボウルに甘酢の材料を入れて混ぜ、**2**を加えてあえる（a）。水気をかたく絞ってから加えると水っぽくならない。

4 ゆずの皮を混ぜ、味がなじむまでおく。ゆずの皮は表面の黄色い部分だけを薄くそいで、細いせん切りにする。この料理は「二色なます」ともいい、お正月には欠かせない。

a

小松菜とあさりの辛子じょうゆあえ

青菜は少量ずつ
ゆでると
湯の温度が下がらず、
シャキッと色よく
仕上がります。
あさりは酒蒸しにすると
うまみがギュッと
濃縮します。

材料（2人分）

小松菜……200g
あさり（砂抜き済み）……200g
酒……大さじ2

辛子じょうゆ
練り辛子……小さじ1/2～1
薄口しょうゆ……小さじ2
だし汁……大さじ2

1　あさりは殻をこすり洗いし、鍋に入れて酒をふる。ふたをして中火にかけ、3～4分蒸して口が開いたら火を止める。粗熱が取れたらボウルに蒸し汁を移し、その中に身を取り出す（**a**）。蒸し汁の中に入れておくとパサつかない。

2　小松菜は根元を少し切り落とし、水につけて振り洗いをして泥を落とす。鍋にたっぷりの湯を沸かし、小松菜を少量ずつゆで、さっと水に取って冷まし（**b**）、水気をきる。一度にゆでようとすると湯の温度が下がって均一に火が通らず、食感にもムラが出る。

3　**2**の小松菜の水気を絞り、4㎝長さに切ってさらに水気を絞る。

4　辛子じょうゆを作る。ボウルに練り辛子を入れ、薄口しょうゆを少しずつ加えて溶きのばし、だし汁を加えて混ぜる。味をみて練り辛子の量を調節するとよい。

5　汁気をきったあさりを**4**のボウルに入れ、小松菜を加えてあえる（**c**）。

a

b

c

まぐろとわけぎのぬた

わけぎは茎と葉を時間差で入れ、同時にゆで上がるようにします。「ぬた」とは酢みそあえのこと。とろりとなめらかになるまで練ります。

材料（2人分）

まぐろ（赤身。刺し身用さく）……80g
わけぎ……1束（180g）
酢みそ
みそ……大さじ1½
砂糖……大さじ½
酢……大さじ1
練り辛子……小さじ½〜1

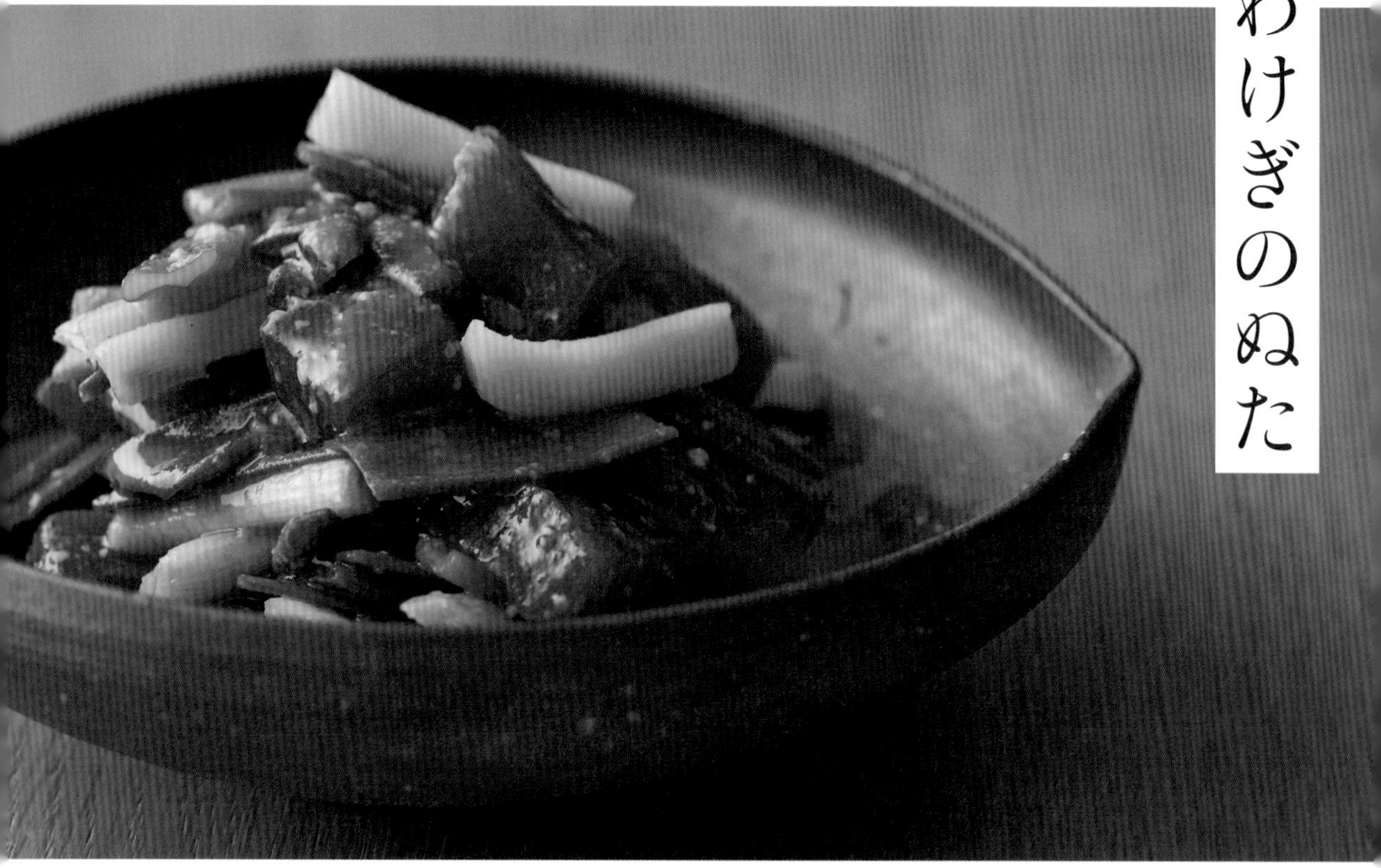

1 わけぎは根元を切り落とし、白い茎の部分と緑の葉の部分に分ける。

2 鍋にたっぷりの湯を沸かし、わけぎの茎を入れて1分ほどゆでてから葉の部分を入れて30秒ほどゆでる(a)。時間差でゆでることで火の通りが均一になる。

3 ゆでたらザルに上げて冷まし、3cm長さに切る。水に取るとうまみが抜け、ぬめりが出るので、ザルに取って冷ます。

4 まぐろは2cm角に切る。

5 ボウルに酢みその材料を入れて練り混ぜ、まぐろとわけぎを加えてあえる。時間をおくと水っぽくなるので食べる直前にあえる。

a

れんこんの梅肉あえ

細かくたたいた梅肉と
煮きりみりんで作る
シンプルな梅肉だれで、
すっきりとした味わいに。

材料（2人分）

れんこん……120g
梅肉だれ
- 梅干し（塩分14％くらい）……1個
- 煮きりみりん（161頁参照）……大さじ1

1 れんこんは皮をむいてごく薄い半月切りにし、5分ほど酢水（材料外）にさらし、水気をきる。空気に触れると変色しやすいので、切ったらすぐにさらす。

2 鍋に湯を沸かして塩小さじ½、酢小さじ1（各材料外）を加え、れんこんを入れて中火で1分ほど透き通るまでゆで、ザルに上げて水気をきって冷ます。これでれんこんに下味がつき、酢の効果で白くゆで上がる。

3 梅肉だれを作る。梅干しの種を取って包丁でたたいて細かくし、ボウルに入れ、煮きりみりんを加えて混ぜる（a）。

4 **3**にれんこんを加えてあえる。

a

ナムル3種
豆もやしのナムル ほうれん草のナムル まいたけのナムル

それぞれの野菜に適した
ゆで方で火を通し、
あえ衣には、ごま油と
おろしにんにくが必須。
香りよく仕上げるのが
ポイントです。

材料（2人分）

豆もやしのナムル

豆もやし……200g

あえ衣

長ねぎ（みじん切り）……5cm分

にんにく（すりおろし）……小さじ1/4

塩……小さじ1/4

ごま油……大さじ1

白炒りごま……大さじ1/2

ほうれん草のナムル

ほうれん草……200g

あえ衣

長ねぎ（みじん切り）……5cm分

にんにく（すりおろし）……小さじ1/3

塩……小さじ1/4

ごま油……大さじ1

白すりごま……大さじ2

まいたけのナムル

まいたけ……150g

あえ衣

長ねぎ（みじん切り）……5cm分

にんにく（すりおろし）……小さじ1/4

塩……小さじ1/3

ごま油……大さじ1

粉唐辛子……小さじ1

韓国のり……全形1/2枚

1 豆もやしのナムルを作る。鍋に水1/2カップを入れて中火にかけ、沸騰したら豆もやしを入れ（**a**）、ふたをして2分ほど蒸しゆでにし、ザルに上げる。少ない湯で蒸しゆでにすると、水っぽくならない。

2 ボウルにあえ衣の材料を入れて混ぜ、**1**を加えて手であえる。手であえると味がよくなじむ。

3 ほうれん草のナムルを作る。ほうれん草は根元を少し切り落として十字に切り込みを入れ、水の中で振り洗いをして泥を落とす。

4 鍋にたっぷりの湯を沸かし、塩小さじ1/2（分量外）を入れ、ほうれん草を根元から入れて15〜30秒ゆでる。水に取って冷まし、ザルに上げる。少量ずつゆでると湯の温度が下がらず、上手にゆでることができる。水気を絞り、3cm長さに切ってさらに水気を絞る。

5 ボウルにあえ衣の材料を入れて混ぜ（**b**）、**4**を加えて手であえる。にんにくねぎ塩風味でパンチのある味わいに。

6 まいたけのナムルを作る。まいたけは食べやすい大きさにさき、水1/2カップとともに鍋に入れて中火にかけ、沸騰したらふたをして2分ほど蒸しゆでにし、ザルに上げて冷ます。

7 ボウルにあえ衣の材料を入れて混ぜ、**6**を加え、のりをちぎって入れてあえる（**c**）。韓国のりを入れるとアクセントになる。

a

b

c

column

作りおきできる

魚介のマリネ

マリネは材料をマリネ液（漬け汁）に漬け込んだ料理。
魚介に野菜、ハーブなどを取り合わせ、
マリネ液に漬けて味をなじませるのがおいしさの秘訣です。

材料（2人分）

えび（無頭。殻つき）
……140g
たこの足（ゆでたもの）……80g
鯛（刺し身用さく）……100g
紫玉ねぎ……1/2個
ズッキーニ……1本
ミント……適量
香菜……適量
黒オリーブ……10個

マリネ液
ライムまたはレモンの搾り汁……1個分
オリーブオイル……大さじ4
塩……小さじ2/3
こしょう……少々

1 えびは殻をむいて背ワタを取り、熱湯でゆでて水気をきる。たこは1cm厚さに切り、鯛は2cm角に切る。

2 紫玉ねぎは薄切りにし、水の中でもんで少しおき、水気をきる。ズッキーニは小さめの乱切りにする。ミントは葉を摘み、香菜は3cm長さに切る。

3 ボウルにマリネ液の材料を入れて混ぜ、**1**を加えてあえ（a）、冷蔵庫に入れて10分ほどおいて味をなじませる。魚介だけを先にマリネしておくと味がしみ込んでおいしくなる。

4 **2**とオリーブを加えて混ぜ、さらに10分ほどおく。

a

作りおきできる

ミックスピクルス

ピクルスは野菜を酢漬けにしたもの。
野菜は塩をまぶしてから漬けると、余分な水分が出て
ピクルス液が中に入りやすくなり、色も鮮やかになります。

材料（作りやすい分量）

パプリカ（赤、黄）……各1/2個
きゅうり……2本
セロリ……1本
ピクルス液
白ワイン……1/2カップ
水……1/2カップ
酢……1/2カップ
塩……小さじ2
砂糖……大さじ4
ローリエ……1枚
黒粒こしょう……20粒

1 パプリカは縦にスティック状に切る。きゅうりはピーラーで皮を縞目にむき、セロリは筋を取り、それぞれパプリカと同じくらいの大きさのスティック状に切る。

2 **1**をボウルに入れ、塩小さじ1（分量外）を全体にまぶして軽くもみ（a）、10分おいて水気をきる。浸透圧で野菜の水分が出て、漬かりやすくなる。

3 鍋にピクルス液の材料を入れて中火にかけ、混ぜながら砂糖を溶かし、ひと煮立ちさせて冷ます。

4 保存容器に**2**の野菜を入れて**3**を注ぎ入れ、冷蔵庫に入れてひと晩おいて味をなじませる。

a

おわりに

今回、6人の料理研究家の方々に、家庭料理の定番メニューをおいしく作る極意を詳しくお聞きしました。

その取材・撮影を通して、調理の手法はそれぞれに違い、また、和・洋・中の違いもある中で、料理全体に共通するポイントがあることに気がつきました。

それを、次の4つにまとめてみました。

1. 触りすぎない
2. 焼き目はうまみ
3. 素材がだしになる
4. 塩が重要

まずは、「1. 触りすぎない」について説明します。

調理中に触れば触るほど、見た目がくずれていきます。たとえば、肉や魚のソテーを作るときに、しょっちゅう持ち上げて焼き面を確認すると、おいしい焦げ目がつかなくなりますし、また、やわらかい魚などは身がくずれていきます。

炒めものにしても同じで、かき混ぜすぎるとそれぞれの素材の形がくずれ、炒めすぎることで色も悪くなってしまいます。煮ものも、触れば触るほど煮くずれてしまいます。揚げものは、油に入れてすぐに触ってしまうと衣がはがれてしまいます。

味はよいけれど見た目がイマイチというときは、もしかしたら、触りすぎていることに原因があるのかもしれません。

次に「2．焼き目はうまみ」について。これは、「1．触りすぎない」でも触れましたが、焼いた肉や魚のおいしさは、こんがりとした焼き目にあります。フライパンについた焼き焦げを生かして、ソースも作ります。

また、肉の煮込みを作る際にも、肉に焼き目をつけて、鍋肌に残った焼き焦げをこそげることで、うまみを煮汁に溶け込ませることができます。これは、フレンチの手法で〝デグラッセ〟と言われ、フランス料理の基本中の基本でもあります。

ただし、黒焦げはうまみではなく苦みになるので、焦がしすぎには注意して、ほどよい焼き目を目指してください。

「3．素材がだしになる」については、和の煮ものや洋の煮込みに共通するポイントです。かつお節と昆布でとった一番だしや、鶏ガラでとったチキンブイヨンなど、世界には「だし」と言われるものが存在します。

だし＝素材のうまみなので、素材を煮ている間にもだしは出てきます。これを活用すれば、一番だしやブイヨンは必ずしも必要ではありません。ただし、野菜の煮ものなど、それだけでは味の深みが期待できないものは、だしを加えて煮ると、ぐっとうまみが増します。

料理は素材のうまみを生かして作るのが基本。そう考えると、最低限の調味料でおいしくなり、素材が替われば、同じ調味料でも違う味わいになることがわかります。

最後に、「4. 塩が重要」ですが、これは、すべての料理に共通します。ほとんどの料理に、塩分が入っているからです。

塩味をつける以外の塩の役割として、次の3つが考えられます。

・臭みを消す
・うまみを引き出す
・水分を出す

最初の2つは、主に肉や魚について言えることです。肉や魚は独特な臭みがありますが、塩をふることで臭みが抑えられるという効果があります。また、塩で下味をつけると、肉や魚自体のうまみが増します。塩豚がおいしいのもそのおかげです。

最後のひとつは、野菜に使われることが多いです。塩の浸透圧の作用で、塩をふると水分が外に出てきます。野菜には水分がたくさん含まれているため、塩分のあるドレッシングなどであえると、野菜から水分が出てきてドレッシングが薄まり、味がぼやけてしまいます。

ですので、先に塩もみや塩ゆでなどをして余分な水分を出しておくと、あえたときに味がキリッと立っておいしくなります。

このように、料理全体のポイントを知っておくと、これとこれは同じ理屈だとわかり、この本に載っていないレシピを作るときにも役立ちます。ひとつ料理がおいしく作れたら、作ることが楽しくなり、もっと作りたくなるでしょう。そうすると、得意料理がどんどん増えるかもしれません。

デザイン
三木俊一（文京図案室）

撮影
今清水隆宏

スタイリング
久保原恵理

構成・文
松原京子

校正
安久都淳子

DTP制作
天龍社

編集
広谷綾子

私のいちばん得意な料理、教えます
基本のレシピ100のコツ

2021年5月20日　第1版発行

発行者
関口 聡

発行所
一般社団法人
家の光協会
〒162-8448
東京都新宿区市谷船河原町11
電話　03-3266-9029（販売）
　　　03-3266-9028（編集）
振替　00150-1-4724

印刷・製本
図書印刷株式会社

乱丁・落丁本はお取り替えいたします。
定価はカバーに表示してあります。

ISBN978-4-259-56683-8 C0077